Hugo Merguet

Die Ableitung der Verbalendungen aus Hilfsverben und die

Entstehung der lateinischen e-Deklination

Hugo Merguet

Die Ableitung der Verbalendungen aus Hilfsverben und die Entstehung der lateinischen e-Deklination

ISBN/EAN: 9783743649811

Hergestellt in Europa, USA, Kanada, Australien, Japan

Cover: Foto ©berggeist007 / pixelio.de

Weitere Bücher finden Sie auf **www.hansebooks.com**

Die

leitung der Verbalendungen

aus Hilfsverben

und

die Entstehung der lateinischen e-Declination

unter Berücksichtigung der gegen des Verfassers

„Entwickelung der lateinischen Formenbildung"

gemachten Einwendungen nochmals untersucht

von

Dr. H. Merguet.

Berlin 1871.

Gebrüder Borntraeger.

Ed. Eggers.

$\mathfrak{D}$ie Auffassung und Erklärung der lateinischen Flexionsformen, welche ich in meiner vor etwa einem Jahre veröffentlichten „Entwickelung der lateinischen Formenbildung" (Berlin 1870) dargelegt habe, hat, wie bei ihrer oft großen Abweichung von den bisher gangbaren Annahmen nicht anders zu erwarten war, vielfachen Widerspruch hervorgerufen. Ich gehe hier auf eine genauere Prüfung und Beantwortung desselben zunächst deswegen ein, weil er von so verschiedenen Seiten und zum Theil so zuversichtlich geäußert ist, daß leicht schon darin der Beweis seiner Berechtigung gesehen werden könnte; sodann aber auch deswegen, weil sich mir dabei die Gelegenheit bietet, mehrere meiner Annahmen zum Theil im Anschluß an die erhobenen Einwendungen noch genauer auszuführen und fester zu begründen.

Zunächst habe ich einzelne Angaben der im Literarischen Centralblatt, 1870, Nr. 19 erschienenen, mit (?) unterzeichneten Recension meines Buches zu berichtigen, durch welche meine Erklärungen mindestens sehr ungenau wiedergegeben sind. Es ist dort gesagt:

„In dem zweiten Haupttheil, der die Flexion des Verbums betrifft, weicht Herr Merguet weit mehr als im ersten von den herrschenden Ansichten der vergleichenden Grammatiker ab, zunächst darin, daß er viel öfter und lieber als diese die gegebene Verschiedenheit der Formen aus ursprünglich rein lautlichen Affectionen erklärt. So soll das doppelte l in fallo wie im griechischen σφάλλω auf bloßer „Schärfung" der Aussprache beruhen, vellem von velim sich ebenfalls nur durch ursprünglich zufällige Differenzierung unterscheiden, und ohne Zweifel würde er auch den tief greifenden Unterschied von ἔβαλον und ἔβαλλον ebenfalls auf diesem Wege erklären, während doch ἄλλος neben alius, ἄλλομαι neben salio das wahre Sachverhältniß so deutlich erkennen läßt, wie auf sprachlichem Gebiet überhaupt etwas erkannt werden kann."

Während man hiernach doch wohl glauben muß, daß ich velim und vellem auf eine gemeinsame Grundform mit einfachem l zurückführe, habe ich sie als von einander durchaus unabhängig entstanden aufgefaßt, nämlich velim als eine ursprüngliche Conjunctivform vom reinen Consonantstamm, wie edim, sim (Formenbildung S. 239), von vellem dagegen vermuthet, daß es, da der lateinische Conjunctiv des Imperfects überhaupt spätern Ursprungs zu sein scheint und da die übrigen Conjunctive des Imperfects mit dem Infinitiv des Präsens in enger Analogie standen, vielleicht durch unmittelbare Einwirkung des Infinitiv velle und durch Anlehnung an diesen entstanden sei (a. a. O. 243). In diesem selbst, wie in esse, ferre habe ich dann allerdings unter Gleichstellung seiner Formation mit den sanskr. Infin. auf -ē und dem latein. Infin. Pass. der 3. Conjugation, wie legi-er, eine nur lautliche Verdoppelung des s, r, l angenommen (a. a. O. 248), wie dieselbe bei esse von sum wohl auch dann kaum zu vermeiden sein wird, wenn man die Entstehung der Verbalendungen aus Hilfsverben annimmt (vgl. Bopp, Vergl. Gram. III, 37, 2. Ausg.). — Was dann ferner fallo betrifft, so habe ich (Formenb. 170) von gewissen Verben, welche im Präsens ll, im Perfect einfaches l haben (cello, pello, tollo), gesagt, daß die Ableitung dieser Verstärkung des Präsensstammes aus lj oder ln unsicher sei, und daher vermuthet, daß man in ihr vielleicht eine eigenartige Stammerweiterung anzunehmen habe, und zwar um so eher, als gerade Liquiden häufig und leicht verdoppelt werden. Eine Schärfung der Aussprache ist hierbei aber weder genannt noch gemeint, sondern eine innerlich begründete Erweiterung des Stammes, wie eine solche auch in der Steigerung des Stammvocals, dem Zusatz eines n u. s. w. vorliegt. Wie sich nun andere Erweiterungen, die ursprünglich auf das Präsens beschränkt waren, auch über die übrigen Verbalformen verbreitet haben, so habe ich im Anschluß an Schleicher und Corssen auf die Möglichkeit hingewiesen, daß auch bei Verben, neben deren ll einfaches l nicht mehr nachweisbar ist, dieses ll in derselben Weise entstanden sein kann, nämlich in vello und fallo. Die von dem Herrn Recensenten angeführten Belege ἄλλος neben alius, ἄλλομαι neben salio, welche das wahre Sachverhältniß so deutlich sollen erkennen lassen, wie auf sprachlichem Gebiet überhaupt etwas erkannt werden kann, scheinen mir außerdem, wofern hiermit die Entstehung von ll aus lj gemeint ist, gerade bei fallo dieses nicht nur nicht zu beweisen, wohl aber aus ihnen ein Schluß auf das ausdrückliche Gegentheil statthaft zu sein. Denn das Verhältniß: ἄλλος zu alius und ἄλλομαι zu salio wie σφάλλω zu fallo ist eben kein richtiges. Dagegen kann man schließen: weil lj in alius, salio als li fortbesteht, obwohl und trotzdem daß es im Griechischen zu λλ geworden ist, so ist ll in fallo neben σφάλλω nicht aus lj entstanden. — Einzelne andere Aeußerungen des Herrn Recensenten, welche meinen Widerspruch gegen die Ableitung der Verbalendungen aus Hilfsverben betreffen, übergehe ich hier, da ich auf dieselben weiter unten zurückkomme.

Ferner wird in dem Philologischen Anzeiger, 1870, Heft 6, S. 274. gegen meine Auffassung der Genusentwickelung, durch welche die Declinationslehre „einigermaßen umgewühlt" sein soll, eingewandt:

„Daß das Suffix -s Genuszeichen sei, läßt sich nicht rechtfertigen. Wenn am Nominativ nur das Genus sich specifisch durch Suffixe ausgeprägt hätte, und nicht etwa bloß -t und -m als sächliche, sondern gleichzeitig -s als persönliche angesetzt worden wären, so wäre sicherlich die Unterscheidung von persönlichem und sachlichem wesentlich anders ausgefallen, als es thatsächlich der Fall ist, und dasselbe gilt von dem Unterschied zwischen männlichem und weiblichem. Ganz anders ist es, wenn erst von dem mit -s versehenen Nominativ aus sich die Neutra und Feminina nachträglich ausschieden; da erklärt sich das Sporadische, vielfach Irrationelle, Unsystematische der Genusunterschiede."

Es scheint mir hierbei erstlich unklar, wie das -m und -t beim Neutrum entstanden sein soll, wenn vorher bereits sämmtliche Wörter den Nominativ mit -s suffigirt hatten; warum ferner das Neutrum mit Anwendung zweier neuer Suffixe ausgeschieden sein soll, während das Femininum, welches sich hiernach auch erst nachträglich abzweigte, das -s behielt. Außerdem weiß ich nicht, worauf sich die Versicherung, die Genusbezeichnung wäre bei der von mir angenommenen Entwickelung wesentlich anders ausgefallen, gründet und wie man der thatsächlichen Regellosigkeit des Genus lebloser Dinge gegenüber vermuthen oder gar bestimmen will, für welche Begriffe die Sprache unter andern Umständen dieses oder jenes Genus gewählt hätte.

Viel entschiedener und nicht ohne eine gewisse Schärfe ist gegen mehrere meiner Annahmen Einspruch erhoben worden von Corssen in seiner „Aussprache, Vokalismus und Betonung der lateinischen Sprache", Bd. II, S. 1018 ff., 2. Aufl. Zunächst hält derselbe meine Abweichung von der bisherigen Ansicht über das Verhältniß der Endungen -ia und -ies in der 1. und 5. Declination für unbegründet (a. a. O. 1023). Um zu zeigen, in wie weit hierbei die Gründe meiner Beweisführung berücksichtigt und deren Widerlegung unternommen

ist, gebe ich hier nochmals den Gang meiner Unterfuchung der Haupt-
fache nach an. — Man nahm über das Verhältniß der Doppelformen
auf -ia und -ies bisher an, daß die auf -ia die urfprüngliche, aus ihr
durch Abfchwächung des a ein Nominativ auf -ie entftanden und dann
durch Annahme eines s nach Analogie bereits vorhandener Nominative
auf -es zu -ies umgeftaltet fei. Es ift hierbei zunächft die Frage, von
welchen Nominativen auf -es diefes s in -ies übertragen fein foll. Wenn
dies Nominative von Wörtern gewefen fein follen, welche der 3. Declination beftändig angehörten, fo fcheint dies deswegen unhaltbar, weil bei
der großen Verfchiedenheit diefer und der Flexion der Wörter auf -ies
nicht erfichtlich ift, wie trotzdem eine Affimilation des Nominativs diefer
an jene erfolgt fein foll, ohne mindeftens einen entfprechenden Anfchluß
auch in den übrigen Cafus nach fich zu ziehen, oder vielmehr fchon eine
Uebereinftimmung derfelben als Grundlage zu haben. Denn auch wenn
man nicht der Anficht ift, daß die Declinationsübergänge gerade durch
den Nominativ in der Weife erfolgten, daß diefer, nachdem er dem
einer andern Wortclaffe gleich geworden war, nun auch nach diefer
neuen Analogie flectirt wurde, fo müßte doch, wenn umgekehrt der
Anfchluß von den abgeleiteten Cafus ausgegangen fein und eine Um-
formung des Nominativ erft zur Folge gehabt haben follte, in der
Bildung der beiderfeitigen abgeleiteten Cafus eine deutlich ausgeprägte
Analogie beftanden haben, wie fie eben zwifchen den Wörtern der
3. Declination auf -es und denen der fünften auf -ies nicht vorhanden
ift. Es fragt fich daher, ob folche Wörter mit einem Nominativ auf -es
beftanden, deren abgeleitete Cafus denen der ie-Stämme entfprechend
gebildet wurden, fo daß auf Grund diefer die Affimilation des Nominativ
erfolgt fein könnte; d. h. alfo, ob bereits vor der Abzweigung der
Stämme auf -ie- aus der 1. Declination eine 5. Declination mit dem
Nominativ auf -es beftand, deffen -s jene dann annahmen. Eine folche
hat Corffen (Krit. Beitr. 467) durch die Annahme nachzuweifen gefucht,
die Wörter auf -es Gen. -is hätten urfprünglich einen Genetiv auf -esis
gehabt, feien alfo confonantifch gewefen, dann mit Verluft des Stamm-
confonanten in die fünfte und endlich durch weitere Abftumpfung wieder
in die dritte, d. h. in die i-Declination übergetreten, fo daß hiernach
diefe Stämme auf ihrer zweiten Entwickelungsftufe den Beftand einer
von denen auf -ie- unabhängigen e-Declination gebildet haben würden.
Geftützt wurde diefe Annahme dadurch, daß einerfeits Stämme, welche
fpäter theils nach der fünften, theils nach der 3. Declination flectirt werden, urfprünglich nachweislich auf s auslauteten, z. B. dies, spes, pubes,

moles u. a. neben diur-nus, sper-are, Plur. sper-es, puber-tas, molestus, andererseits Wörter der 3. Declination auf -es, Gen. -is, früher der fünften angehörten, nämlich fames, plebes nach Ausweis ihrer alten Genetive famei, plebei. Diese Belege beweisen jedoch, wie ich darzulegen mich bemüht habe (Formenb. 22), nirgends den von Corssen angenommenen doppelten Uebergang aus der consonantischen durch die fünfte in die i-Declination, da 1) von keinem der Stämme, welche mit Verlust des ursprünglichen s einen Flexionswechsel innerhalb der 3. Declination erfuhren, nachweisbar ist, daß sie jemals der fünften zugehörten (pubes, moles); 2) keiner derjenigen, welche mit derselben Kürzung aus der dritten in die fünfte eingetreten sind, nachher nochmals in die dritte übergeht (dies, spes); 3) von denen, welche aus der fünften in die dritte übergegangen sind, nicht zu erweisen ist, daß sie einen auslautenden Stammconsonanten verloren haben, vor dessen Abfall sie schon der dritten angehört hätten, daß also die Stämme fame-, plebe- aus *fames-, *plebes- gekürzt seien. Es folgt vielmehr aus jenen Stammwandlungen nur, daß 1) Stämme durch Verlust des consonantischen Auslautes entweder a) innerhalb der dritten die Flexion der i-Stämme erhielten, oder b) in die fünfte übergingen und hier blieben; und daß 2) hiervon unabhängig gewisse e-Stämme, die indeß nicht aus consonantischen gekürzt waren, in die dritte übertraten. Hieraus ergiebt sich, daß man als früher der e-Declination zugehörig alle diejenigen der dritten nicht ansehen darf, deren Stamm ursprünglich nachweislich consonantisch war, die also, wie moles, pubes einmal den Flexionswechsel innerhalb der dritten selbst durchgemacht haben; daß dagegen bei denen auf -es, Gen. -is, welche einen solchen Verlust eines Charakterconsonanten nicht mehr erkennen lassen, wenigstens die Möglichkeit einer früheren Zugehörigkeit zur e-Declination nicht ausgeschlossen ist. Es bleibt also bei den einzelnen derselben unentschieden, ob bei ihnen einmal der Uebergang wie bei fames, plebes stattfand, oder ob sie immer zur i-Declination gehörten und die Nominativendung -ēs statt des ihnen ursprünglich zuständigen -is auf sie übertragen wurde, als sich Stämme auf ursprünglich -ēs, -ei (fames) und -ēs, -*esis, eris (pubes) der Flexion der i-Stämme anschlossen und dadurch der Nom. auf -ēs auch bei gleichsylbig flectirten Wörtern der 3. Declin. eingebürgert wurde.*) Wenn man hiernach also diejenigen auf -ēs, Gen. -is, deren ursprüngliche Stammform unklar ist, schon nicht sämmtlich als aus der e-Declination herübergekommen ansehen darf, vielmehr

---

*) Ich berichtige hierbei die durch ein bloßes Versehen erfolgte Anführung von pulvis in Formenb. S. 38.

in einem vielleicht nicht unbeträchtlichen Theil von ihnen ursprüngliche i-Stämme zu sehen haben wird, so erleidet die Annahme früherer Zugehörigkeit zur e-Declination auch noch von anderer Seite eine Einschränkung. Da nämlich bei zahlreichen Wörtern auf -ēs, Gen. -is, früherer Consonantstamm, aber nur bei fames, plebes früherer e-Stamm nachweisbar ist, so darf man vermuthen, daß diesem Verhältniß der Fälle mit nachweisbarer Stammwandlung auch das Verhältniß derer ähnlich sein wird, bei denen ein solcher Declinationswechsel etwa stattgefunden hat, ohne daß man ihn noch nachweisen kann, daß mithin auch bei den Wörtern auf -ēs, Gen. -is, von unklarem Ursprung häufiger eine Entwickelung wie bei moles, als eine solche wie bei fames zu vermuthen sein wird. Es ist hiernach also zwar möglich, daß sich unter denen auf -ēs, Gen. -is, auch außer fames, plebes noch Wörter befinden, welche früher der e-Declination angehörten und demnach schon vor dem Eintritt der ie-Stämme eine solche gebildet hätten; man wird jedoch aus den angegebenen Gründen ihre Anzahl nicht eben hoch annehmen dürfen.

Während hiernach also immer noch angenommen werden kann, daß schon vor dem Eintritt der aus ia abgeschwächten ie-Stämme eine e-Declination bestand, deren -s diese im Nominativ annahmen, erweist sich die entgegengesetzte Annahme, die abgeschwächten ia-Stämme hätten diese Declination begründet und von den erst später zugetretenen gekürzten Consonantstämmen das -s angenommen, nachdem vorher ihr Nominativ die Endung -e gehabt hatte (Corssen Außspr. II., 348 f. 2. Aufl.), nach obiger Darlegung als durchaus unwahrscheinlich. Da nämlich die aus -ia abgeschwächten e-Stämme bedeutend zahlreicher sind, als die nach ihrer Kürzung zugetretenen consonantischen, dieser Uebertritt, wie sich weiter unten zeigen wird, nämlich nur bei einsylbig gewordenen und solchen mit dem Charakter ie nachweisbar und wahrscheinlich auch nur bei solchen (spes, dies, quies, requies) wirklich erfolgt ist, so ist nicht anzunehmen, daß auf einen bereits gangbaren Nominativ auf -ie der aus -ia abgelauteten das -s der wenigen zugetretenen früheren Consonantstämme übertragen wäre, vielmehr vorauszusetzen, daß diese letzteren, wie in den übrigen Casus, so auch im Nominativ sich durch Abwerfung ihres -s der Flexion der bereits vorhandenen e-Declination assimilirt hätten.

Wenn nun also die Möglichkeit der Existenz einer von den ie-Stämmen unabhängigen e-Declination, aus welcher diese das -s hätten entnehmen können, zuzugeben ist, so erheben sich doch gegen die Annahme, daß diese Entlehnung des -s nun auch wirklich stattgefunden habe, von Seiten dieser ie-Stämme selbst wesentliche Bedenken, die ich etwa in folgender Weise ausgeführt habe. Wenn -ia zunächst zu -ie abgeschwächt sein sollte, so wäre statt der angeblichen nachherigen Anfügung des -s wohl eher zu erwarten gewesen, daß diese Nebenform sich bei der ziemlich beträchtlichen Anzahl solcher Wörter als eigenartige Nominativform in der Sprache befestigte wie griech. -η neben -α, als daß diese zahlreichen Wörter der Analogie anderer gefolgt sein sollten, die nicht einmal mehr erkennbar und deren Zahl nebst der daraus folgenden größern oder geringern Wahrscheinlichkeit ihrer Einwirkung auf jene daher ebenfalls nicht annähernd bestimmbar ist. Ferner sei jenes Fortbestehen eines einmal vorhandenen Nominativ auf -ie um so mehr vorauszusetzen, als die Vulgärsprache ja Nominative auf -e und -ie neben klassischen auf -a und -ia wie anime, filie u. a. aufweise, damit also den Beweis liefere, daß diese Form wenigstens zu gewissen Zeiten der Sprache keineswegs durchaus widerstrebt habe. Wenn ferner -ie die Vorstufe von -ies gewesen sei, so könne es auffallen, daß uns trotz der großen Anzahl dieser Wörter „keine Spur oder Nachricht von solchen Uebergangsformen überliefert sei". Diese Behauptung, bemerkt nun Corssen, sei irrig, und führt dann als Beweis für die Existenz solcher Uebergangsformen an lat. Neminie, sabell. Cerie, als wahrscheinlich auch umbr. kucstretie, uhtretie. Diese Beispiele beweisen jedoch ebenfalls nur die Existenz von Nominativen auf -ie überhaupt, keineswegs aber sind sie, wie sich sogleich zeigen wird, als Uebergangsformen nachgewiesen. Daß Nominative auf -ie existirten, konnte mir wohl nicht unbekannt geblieben sein, da ich einen solchen ja selbst kurz vorher in dem oben angegebenen Zusammenhang angeführt hatte. Diese konnte ich also auch nicht meinen, wenn ich gleich darauf das Vorhandensein von Uebergangsformen in Abrede stellte. Unter solchen verstehe ich vielmehr ältere aus -ia entstandene auf -ie statt späterer auf -ies, also den Nachweis, daß wirklich bei den Wörtern, die nachher -ies haben, früher einmal -ie im Gebrauch gewesen sei. Das von mir zu anderm Zweck angeführte anime, filie und auch Corssen's Beispiele beweisen dagegen nur, daß -a, -ia auch zu -e, -ie wurde, aber nicht, daß ein solcher Nominativ nachher noch durch Annahme eines -s die Endung -ies erhielt; hierzu hätten Formen wie *materie, *nequitie neben materia, nequitia und materies, nequities nachgewiesen werden müssen.

Nachdem ich diese beiden Umstände, daß die Aufrechterhaltung einer aus -ia abgeschwächten Nominativform auf -ie wahrscheinlicher gewesen wäre, als ihre nachherige Umwandlung zu -ies, und daß Uebergangsformen wie -ia zu -ies sich nirgends fänden, als solche angeführt hatte, welche der Ableitung von -ies aus -ia nicht eben günstig seien, habe ich in meiner Untersuchung dann ferner ausdrücklich gesagt, daß durch dieselben trotzdem jene Annahme doch noch nicht geradezu widerlegt werde; denn die Fixirung der Nominative auf -ie würde keineswegs absolut nothwendig gewesen sein, und das Fehlen jeder Spur von Uebergangsformen beweise noch nicht, daß solche überhaupt nie existirt hätten. Der eigentliche Grund, auf den ich meinen Widerspruch gegen jene Annahme gestützt habe, ist vielmehr folgender. Da die nachträgliche Anfügung eines -s an eine früher selbstständige Form ein sehr äußerliches und zugleich also auch gewaltsames Mittel der Assimilation gewesen sein würde, so erscheint dieselbe unter der Voraussetzung ungestörter zwangloser Fortentwickelung der sprachlichen Formen, als bloße Folge einer gleichsam unbewußt eingetretenen Vermengung zweier vorher verschiedener Formen nicht annehmbar: zu einer so äußerlichen Umgestaltung würde vielmehr eine ausdrückliche und deutlich empfundene Nöthigung vorauszusetzen sein. Diese könnte dann aber doch wohl nur darin gelegen haben, daß die Nominativform auf -ie der Sprache unbequem war. Die Existenz von filie u. dgl., also auch von Neminie würde allerdings gerade im Gegentheil als Beweis für die Zulässigkeit eines solchen Nominativ angesehen werden können. Aber wenn man nun wirklich annehmen wollte, solche Nebenformen wären etwa zu einer gewissen Zeit oder vielleicht in der Sprache der Gebildeten oder dgl. unbequem geworden, so würde doch auch dieses Zugeständniß die Annahme, nun sei -ie zu -ies geworden, noch keineswegs wahrscheinlich machen können. Da nämlich von den meisten und ursprünglich also wohl von allen Wörtern auf -ies Nebenformen auf -ia bereits existirten und in den meisten Fällen diese sogar gebräuchlicher geblieben sind als die auf -ies, so wäre doch in dem Fall, daß man -ie vermeiden wollte, das Natürlichste gewesen, die bereits vorhandene durchaus geläufige Form auf -ia dafür zu gebrauchen und jene auf -ie einfach bei Seite zu lassen, nicht aber, -ie mit einem -s zu versehen, um nur ihr neben -ia sehr überflüssiges Fortbestehen durch dieses äußerliche Mittel zu ermöglichen. Die Sprache konnte eben keinen Trieb haben, einen Nominativ auf -ie, wenn er ihr nicht mehr zusagte, festzuhalten, da sie bei dem Vorhandensein dessen auf -ia jenes in keiner Weise bedurfte.

Aus diesen Gründen habe ich im Gegensatz zu Bopp und Corssen das -s in -ies als ursprünglich aufgefaßt. Da nun aber eine verschiedene Wortbildung in beiden nicht wahrscheinlich ist, sondern sowohl der fast durchgängige Parallelismus ihrer Flexion, als auch das häufige

Erscheinen beider Endungen bei denselben Wörtern sie als bloße Neben-formen, als verschiedene Entwickelungen einer gemeinsamen Grundform anzusehen berechtigt, so kann diese doch wohl nur -iās gelautet haben. Corssen bemerkt hierzu, eine solche Form des Nom. Sing. von femininen Stämmen auf -ā finde sich nirgends, sei also von mir ohne alle that-sächliche Grundlage vorausgesetzt. Indeß sind im Sanskrit nicht nur ī-Stämme mit einem Nominativ auf -īs vorhanden, deren ī als eine Contraction von ia erklärt wird, sondern es scheint sich hier auch noch ein Nominativ auf -ās von einem unveränderten weiblichen ā-Stamm in dem von mir (Formenb. 20) nach Schleicher (Compendium d. vergl. Gram. 528 2. Aufl.) angeführten gnā-s (Weib, Göttin) erhalten zu haben. Daß ich ferner auf die Ursprünglichkeit des -s bei denen auf -ies nicht, wie im Philologischen Anzeiger S. 274 gesagt ist, „in Consequenz" einer Annahme geschlossen habe, nach welcher das -s ursprünglich durch-weg vorhanden gewesen wäre, wird die bisherige Untersuchung gezeigt haben. Denn erstlich habe ich mich zur Begründung meiner Auffassung nirgends auf eine solche Annahme berufen, sondern gerade umgekehrt aus den thatsächlich vorhandenen Formen auf die ursprüngliche Existenz desselben bei den ie-Stämmen geschlossen. Sodann aber habe ich auch jene Annahme überhaupt nicht aufgestellt, sondern im Gegentheil gesagt, daß die Genussuffixe -s und -m, -t wahrscheinlich niemals durchweg Anwendung gefunden haben, speciell über die weiblichen ā-Stämme diese Ansicht aber noch ausdrücklich (Formenb. 26) mit den Worten ausge-sprochen: „Das lange ā war als der vollste aller Vocale eben wegen seiner Volltönigkeit am wenigsten geeignet, noch einen Consonanten hinter sich hören zu lassen. Aus diesem Grunde mochten, als die Genussuffixe in Gebrauch kamen, die Feminina auf -ā der Annahme des -s wider-streben und ebenso wie die übrigen suffixlosen Nomina den reinen Stamm als Nominativ vorziehen." Hierdurch ist jedoch nicht ausgeschlossen, daß theilweise und vorübergehend auch bei ihnen die Suffigirung eindrang, wovon sanskr. gnās noch ein Rest sein würde, und daß dieser Nominativ auf -s, obwohl er bei allen weiblichen ā-Stämmen, die das a bewahrten, schon sehr früh wieder gänzlich außer Gebrauch gekommen sein muß, doch dann festgehalten wurde, wenn das a des Stammes umgelautet wurde, die betreffenden Wörter also aus der Reihe der a-Stämme ausschieden, ein Fall, der eben in den lat. ie-Stämmen und in den ebenfalls aus ursprüng-lichem -ia- erklärten sanskr. ī-Stämmen, welche beide einen Nominativ auf -s haben, eingetreten sein würde. Dies berührt zugleich den Ein-wand Corssen's, eine Form mit -s könne am wenigsten sich aus der

Urzeit erhalten haben in der e-Declination, die ausschließlich italisch, also verhältnißmäßig jungen Ursprungs sei. Da nämlich im Singular der griechischen Declination die Zahl der aus ā-Stämmen entstandenen η-Stämme, obwohl hier gerade bei vorangehendem ι dialektisch beschränkt, außerordentlich groß ist, ferner ursprüngliche weibliche Nominative auf - ya auch im Send zu yē umgelautet erscheinen (Bopp, Vergl. Gram. I, 148, 2. Aufl.), ebenso slavische Feminina den Charakter ia zu e umgelautet und contrahirt aufweisen (a. a. O. 147) und endlich bei den oben angeführten sanskr. i-Stämmen das ī als aus ia entstanden angesehen wird, so ist die Ablautung von ā-Stämmen keine speciell lateinische Erscheinung, daher auch nicht als erst in dieser besondern Sprache erfolgt, sondern als bereits vor der Sprachtrennung eingetreten anzusehen. Bei dem sanskr. Nominativ auf - īs zeigt sich ferner außer der den lat. ie-Stämmen ähnlichen, jedoch etwas stärkeren Ablautung eines ursprünglichen ia dieselbe Suffigirung mit -s wie bei dem lat. Nominativ auf - ies, so daß auch diese Uebereinstimmung ein hohes Alter des s beim Nominativ abgelauteter ia-Stämme anzunehmen berechtigt.

Corssen bemerkt dann endlich noch: „Die Behauptung, fames und plebes seien aus *famies und *plebies entstanden, ist eine ebenso unerweisliche als zwecklose Hypothese." Hiermit hat es folgende Bewandtniß: Es sprechen gewisse Anzeichen dafür, daß nicht ē, sondern iē als eigentlicher Charakter dieser Declination angesehen wurde. Von den durch Abfall des Charakterconsonanten gekürzten Consonantstämmen (pubes, moles, spes, dies u. a.) geht, wie oben bemerkt ist, nur ein Theil zur e-Declination über, während die übrigen in der 3. Declination bleiben, d. h. der i-Declination zutreten. Nun scheint der Grund ihres Uebertritts in die fünfte bei den ersteren noch deutlich erkennbar: es sind dies einsylbige, welche also doch wohl die e-Declination vorzogen, um den einzigen Stammvocal dadurch zu schützen (spes), und unter den mehrsylbigen nur die mit dem Charakter ie (dies, quies, requies), wogegen die anderen mehrsylbigen (pubes, moles) in der dritten bleiben. Die Aussonderung gerade der gekürzten Stämme auf - ie- zeigt, daß die Sprache diese als den eigentlichen Charakter der 5. Declination auffaßte. Darauf weist ferner der Umstand hin, daß, wie Corssen (Ausspr. I, 644, 2. Aufl.) mit Recht hervorhebt, nur diejenigen Nominative auf - es von Stämmen auf - ĕt- langes ē haben, welche auf - ies endigen, nämlich abies, aries, paries, während es bei den übrigen kurz bleibt, daß also auch hier der Anschluß an die fünfte, welcher jene spätere Dehnung des e bewirkte, wieder nur bei denen mit ie stattfand. Auch dieser Umstand deutet dar-

auf hin, daß man gerade in den ie-Stämmen den eigentlichen und ursprünglichen Bestand der lat. e-Declination, nicht erst eine später zugetretene
Wortclasse zu sehen hat. Bei dieser so entschiedenen Hervorhebung des
Charakters ie ist es um so auffälliger, daß sich trotzdem einzelne mehr-
sylbige der fünften zugehörige Stämme ohne denselben finden, nämlich
fames und plebes nach ihrer ältern Flexion und fides. Nun zeigt sich
aber bei denen auf -ies folgende Erscheinung: Bei den meisten ist die
Nebenform auf -ia die gebräuchlichere, bei einigen ist sie seltener, bei
noch andern fehlt sie ganz, dies z. B. bei facies, acies, rabies. Unter
diesen ist eines, nämlich facies, nachweislich einmal auf dem Wege gewesen, das i zu unterdrücken, wie Corssen (Krit. Beitr. 43) erwiesen
hat, indem er faces in der Stelle bei Paullus: faces antiqui dicebant
ut fides mit Recht für eine Nebenform von facies und nicht von fax
erklärt. Daraus habe ich vermuthet, daß vielleicht in Folge des Fehlens,
d. h. also des frühen Unterganges der Nebenform auf -ia in diesem
Falle das -ies zu -es gekürzt sei; und ferner, daß in dieser Weise auch
fames, plebes, fides entstanden sein könnte, indem sie die zugehörigen
Formen auf -ia ebenfalls früh verloren hatten und die gekürzte Form
auf -es hier dann die Oberhand erhielt, während sie bei facies nicht
durchdrang. Diese Vermuthung, die für zwei dieser Wörter auch von
Aufrecht und Kirchhoff (Umbr. Sprachdenkmäler I., 32 Anm.) mit
den Worten ausgesprochen ist: „Bei fides und plebes stehen wir nicht
an anzunehmen, daß nach Einwirkung des i auf das ā das erstere ausgefallen sei", hat also zur Grundlage einerseits die entschiedene Auffassung
von ie als Charakter der lat. e-Declination, andererseits die nachweisliche
vorübergehende Kürzung von facies zu faces.

Nach diesen Erörterungen würde dann also die Entwickelung der
lat. e-Declination folgendermaßen anzunehmen sein: Sie wurde begründet
durch Abzweigung der ie-Stämme mit dem Nominativ auf -ies aus
der a-Declination; durch diese wurde ie ihr eigentlicher Charakter. Demgemäß schlossen sich dann auch von den mehrsylbigen Consonantstämmen,
die ihren Charaktersonsonanten verloren, nur diejenigen ihr an, welche
diesen Charakter hatten (dies, quies, requies), außerdem die einsylbigen
spes (ebenfalls gekürzt) und res, um den Vocal ihrer einzigen Stamm-
sylbe zu bewahren (vgl. den Eintritt der einsylbigen u-Stämme gru-s
und su-s in die 3. Declination). Einige unter denen auf -ies verloren
die Nebenform auf -ia und wohl in Folge davon wurde in fames, plebes,
fides der Charakter ie zu e gekürzt. Vielleicht wieder in Folge dieser
Umgestaltung traten dann fames und plebes in die 3. Declination über.

Nachdem ich meine Untersuchung über diesen Gegenstand somit unter Berücksichtigung der hauptsächlich von Corssen gemachten Gegenbemerkungen nochmals dargelegt habe, um dadurch die Tragweite dieser letzteren deutlich erkennen zu lassen, glaube ich mich in den meisten übrigen Fällen, in denen Corssen gegen meine Annahmen Einspruch thut, auf die bloße Beantwortung dieser Einwendungen selbst beschränken zu dürfen.

Corssen sagt (Aussprache II. 1021, 2. Aufl.) über den von mir (Formenb. 35 f.) angenommenen Uebertritt dialektischer u-Stämme in die i-Declination: „Die Behauptung, in den Italischen Accusativformen von U-stämmen wie Osk. manim = Lat. manum, Umbr. sim = Lat. suem, Volsk. bim = Lat. bovem stehe das i statt des sonstigen u des Stammes (Merguet, Entw. d. Lat. Formenb. S. 36), ist irrig, da der ursprüngliche den labialen Consonanten verwandte Vokal u vor dem labialen m sich weder im Lateinischen noch in den verwandten Dialekten in das den dentalen Consonanten verwandte i verwandelt. Die von Aufrecht und Kirchhoff und mir gegebene Erklärung jener und ähnlicher Casusformen von Italischen U-stämmen (AK. Umbr. Sprd. I, 36 f. 125 f. oben II, 54) kann durch eine Behauptung nicht in Frage gestellt werden, der lediglich ein Verstoß gegen ein Lautgesetz zu Grunde liegt." Zunächst habe ich weder von einer bloß lautlichen Wandlung, noch von dem Accusativ allein gesprochen, sondern von einem Declinationswechsel mit Abschwächung des Stammcharakters u zu i. Nach sonstiger Annahme ist eine solche mit einem Declinationswechsel verbundene Wandlung des Charaktervocals in allen Casus dieselbe, nicht aber wandelt sich, wie man es nach obiger Bemerkung für Corssen's Ansicht halten könnte, dieser Vocal in jedem Casus besonders um je nach der Wahlverwandtschaft zu dem jedesmaligen Consonanten der einzelnen Casusendungen. Wenn also Stämme wie manu-, bu- zu mani-, bi- abgelautet wurden, so lagen diese Stammformen allen Casus zu Grunde, die davon gebildet wurden; und so habe ich denn auch andere, nämlich mehrere Ablative und einen Vocativ aufgeführt, in denen dieser Stammcharakter i erscheint. Daß das i aber stammhaft, nicht Endungsvocal ist, dafür habe ich namentlich sabell. bie angeführt, wo als Endungsvocal e hinter dem i steht. Ich muß mithin schon hiernach Corssen's Einwand für unzutreffend halten. Da derselbe jedoch die Ablautung des u zu i vor m lediglich für einen Verstoß gegen ein Lautgesetz erklärt und behauptet, daß u sich weder im Lateinischen noch in den Dialekten vor m in i verwandle, so führe ich hiergegen Corssen's eigne Worte über einen Fall an, in welchem es sich lediglich um Ablautung handelt. Er sagt nämlich (Aus-

ſprache II, 129, 2. Aufl.) über optumus, maxumus u. a.: „Die durch
Verdunkelung des o zu u entſtandenen Suffixformen -tumo, -sumo ſind
dann troß des m [ſchon bei C. geſperrt gedruckt] zu -timo, -simo
geworden"; und (a. a. D. 130): „Auch das u von decum-u-s, septum-u-s
iſt zu i verdünnt in decim-u-s, septim-u-s."

Ferner wendet Corſſen (Ausſpr. II, 1018 2. Aufl.) gegen meine
Erklärung der Endung -esimo- bei den Zehnern der Ordinalien
ein, vicensumus könne nicht aus *vicentimus entſtanden ſein, da t nach
n vor i nur zu s werde, wenn noch ein Vocal folge; es bleibe daher
bei der bisherigen Ableitung aus *vicentitumus. Wann t nach n gerade
vor i zu s werde, kommt indeß bei der von mir gegebenen Erklärung
nicht in Betracht. Wenn ich zu dieſer Auffaſſung durch die Worte
(Formenb. 139): „da hiernach -centi-mo-, -genti-mo- die . . . . . .
Grundform iſt" Veranlaſſung gegeben haben ſollte, ſo glaubte ich durch
den eingefügten Zuſatz „die durch Antritt von -mo- an den Stamm
-cento-, -gento- entſtandene Grundform" deutlich angegeben zu haben,
daß ich -centi-mo- als Abſchwächung von -cento-mo- anſehe. Daß
aber das t hier nicht erſt vor i, ſondern ſchon vor o, u in s überging,
zeigt die Form vicensumam. Es ſcheint übrigens dieſe Umlautung des
t zu s in derſelben Weiſe erklärbar, wie Corſſen (a. a. D. I, 179; 284)
die Entſtehung des s aus t in zahlreichen Fällen dadurch annimmt, daß t
zunächſt hinter s zu s wurde und dieſes s dann auch nach andern Lauten
Eingang fand. Denn da die Ordnungszahlen Superlativbildung haben
und beim Superlativ der Adjectiva die Endung -tumo-, -timo- hinter
s (sollistimus) zu -sumo-, -simo- in dem gewöhnlichen -issumo-, -issimo-
wurde, ſo kann eine Uebertragung aus dieſem in vicensumus, vicensimus
ſtatt *vicentumus, *vicentimus ebenſo ſtattgefunden haben, wie eine ſolche
bei dem Supinum und Participium auf -su-, -so-, -suro- ſtatt -tu-,
-to-, -turo- aus den Fällen mit vorhergehendem s auf andere, z. B. bei
n in man-sum, angenommen wird.

Sodann bemerkt Corſſen (a. a. D. II, 1022, 2. Aufl.) gegen meine
Auffaſſung des Superlativ der Adjectiva: „Merguet behauptet, in
soll-is-timu-s, sin-is-timu-s ſei nicht das Comparativſuffix -is und das
Superlativſuffix -timo enthalten, ſondern ein angebliches Suffix -sto, -sta
und ein zweites -mo, -ma (Entw. d. lat. Formenb. S. 127). Selbſt wenn
es ein Suffix -sto, -sta gäbe, das nicht vor dem s einen Vokal eingebüßt
hätte und nicht aus zwei Suffixen beſtände, ſelbſt wenn das Superlativſuffix -s-to, -s-ta nicht aus -is-to, -is-ta entſtanden wäre, ſo würde die
Vergleichung von sin-is-ter, min-is-ter mit soll-is-timu-s, sin-is-timu-s

schlagend erweisen, daß das -is Comparativsuffix ist in diesen Superlativ formen wie in jenen Comparativformen". Des weitern Eingehens auf meine Annahmen hält C. sich dann für überhoben, „da sie mit jener Voraussetzung hinfällig werden". Mir scheinen sie indeß von Corssen's Einwand nicht einmal wesentlich berührt zu werden. Zunächst ist es unrichtig, daß ich sinistimus mit sollistimus gleichmäßig als eine Bildung mit -sto- erklärt habe, da letzteres (Formenb. 123) wegen seines abweichenden Verhältnisses zwischen Stamm und Endung von den übrigen auf -timo- wie optimus, intimus, sinistimus u. s. w. ausdrücklich abgetrennt ist; das Verhältniß zwischen sinister und sinistimus ist dabei ebenfalls als ein der Superlativbildung mit -issimo- nicht analoges erörtert worden. Was dann ferner das Suffix -sto-, -sta- betrifft, so habe ich erklärt, daß die Ableitung des Superlativ auf -issimo- mit -timo- aus dem Comparativ, für welche die Theilung von -issimo-, älter -istimo- in Comparativsuffix -is- und Superlativsuffix -timo- den Beweis liefern soll, mir unerwiesen erscheine; daß ich vielmehr meine, es sei -mo- ein besonderes Suffix, das diesem vorhergehende aber demjenigen gleichzustellen, mit welchem im Sanskrit und Griechischen der Superlativ neben dem Comparativ auf -īāns-, -ιον- gebildet wird, da dieser Comparativbildung auch die lateinische auf -iōs-, -iōr- entspricht, und als das Superlativsuffix anzusehen, welches auch noch selbstständig in fidusta erscheint und von Corssen in iuxta, praesto angenommen wird. Wenn ich dieses nun mit -sto-, -sta- bezeichnet und durch die Theilung -i-sti-mo das erste i als abgeschwächten Stammauslaut angesehen habe, so bestimmte mich hierzu der Umstand, daß das u in fidusta doch wohl nur als solcher angesehen werden kann. Die Entstehung dieses Suffixes aus -isto-, -ista- habe ich dabei weder behauptet noch bezweifelt, sondern überhaupt nicht berührt, da sie mir für die lateinischen Superlative bedeutungslos erschien. Daß ich darunter aber kein neues, sondern ein längst bekanntes und wirklich existirendes verstehe, zeigt wohl die Berufung auf die griech. und sanskr. Superlative, mit welcher Formen wie μέγιστος, gárishtha gemeint sind und welches ja auch in der deutschen Superlativbildung vorliegt. Wenn endlich der Vergleich von magister und sollistimus etwa beweisen soll, daß der Superlativ durch Anfügung von -timo- an ein comparativisches -is- erfolgte, indem ja in magister das Comparativsuffix -tero- an den Comparativ magis gefügt sei, so scheint mir magister für die lateinische Superlativbildung erstlich überhaupt nichts beweisen zu können, weil es selbst kein Superlativ ist. Wenn ferner -tero- hier wirklich Comparativ- und nicht Ableitungssuffix sein sollte, so würde auch dann hier immer nur ein Comparativsuffix an das andere getreten sein, also darin eine eben solche Verbindung zweier Comparativsuffixe vorliegen, wie ich sie von zwei Superlativsuffixen in -istimo- angenommen habe.

Sodann bemerkt Corssen (a. a. O. 1019), ich hätte die Spaltung von -bhjas in -bus und -bīs beim Ablativ des Plural bestritten, weil sich kein Grund für dieselbe fände, und erinnert daran, daß sich sehr häufig doppelte Formen aus einer Grundform entwickelten. Die von mir angenommene Längung des i in bīs nach Analogie der Ablative auf -īs, daß also „jenes consonantisch anlautende Suffix", fährt C. fort, „nach dem Vorbilde dieses vocalisch anlautenden, das die Lateinischen Grammatiker als völlig verschieden von jenem auffaßten, seine Quantität geändert habe, ist ein ganz beispielloser, dem Wesen der Lateinischen Analogie widersprechender Lautvorgang." Schließlich findet derselbe in meinen Annahmen „nur eine zwecklose Vermengung verschiedener Casussuffixe," und zwar wiederum „auf Kosten der Lateinischen Lautgesetze." Bei vollständigerer Angabe des Inhalts meiner Untersuchung wäre schon daraus hervorgegangen, daß auch hier wieder nur eine Einzelheit aus dem Zusammenhang herausgenommen ist, dessen Berücksichtigung sowohl zu ihrem Verständniß wie zu ihrer Widerlegung erforderlich ist. Nicht gegen die Ableitung von -bus und -bīs aus bhjas habe ich mich erklärt, sondern (Formenb. 113 ff.) gegen die der sämmtlichen Ablativendungen -bus, -bīs, -is aus dem einzigen -bhjas. Es mag sein, daß man einen Grund für die Spaltung einer Form nicht nur in zwei, sondern auch in drei Zweigformen nicht absolut fordern darf. Davon hängt indeß nicht die Haltbarkeit meiner Ansicht über den lat. Ablativ Plur. ab, da ich sie noch auf folgende von C. übergangene Gründe gestützt habe. Da der lat. Ablativ unter andern Bedeutungen auch die des Instrumentalis enthält, im Sanskrit aber der Ablat. und Instrum. gesonderte Casus sind, so folgt daraus, daß diese im Sanskrit getrennt gebliebenen Casus im Lateinischen zusammengefallen sind. Da nun ferner der Abl. Plur. im Sanskrit die Endung -bhjas, der Instr. Plur. die Endungen -bhis, -is hat, der lat. vereinigte Abl. — Instr. Plur. aber neben einander die Endungen -bus, -bīs, -is aufweist, so meine ich, es ist eher anzunehmen, daß diese die lat. Gestaltungen des sanskr. -bhjas, -bhis, -is sind, als daß -bhis, -is im Lateinischen zuerst unterging und dann -bhjas sich durch die Ablautungen *-fius, *-fus, *-fies, *-fis, *-his, wie sie Corssen (Krit. Nachträge 216) annimmt, wiederum dreifach zu -bus, -bīs, -is entwickelte. Für einen solchen Vorgang, daß die Sprache zuerst

Formen, die sie bereits hatte, aufgab und dann doch wieder ganz ähnliche aus der einzigen übrig gebliebenen entwickelte, scheint es mir allerdings nicht ganz unberechtigt, den Nachweis eines Grundes zu verlangen. Während nun Corssen in Bezug auf -is nichts einwendet, hält er meinen Versuch, die Länge in lat. - bīs in nobis, vobis gegenüber sanskr. -bhīs durch Einfluß der zahlreichen aus -ā-is, -o-is entstandenen Ablative der 1. und 2. Declination auf -īs zu erklären, für einen beispiellosen, dem Wesen der lateinischen Analogie widersprechenden Lautvorgang. Selbst wenn diese Annahme wirklich so unhaltbar wäre, so sollte doch trotzdem die Quantitätsverschiedenheit in - bīs und - bhīs gerade für Corssen kein Hinderniß sein, diese Endungen als zusammengehörig aufzufassen, da gerade von ihm häufig lange Vocale im Lateinischen neben kurzen in den verwandten Sprachen in Stämmen wie in Suffixen durch Vocalsteigerung erklärt werden. So sagt derselbe (Ausspr. I, 773 2 A.), um ein Beispiel für lat. ī neben sanskr. ĭ anzuführen, über die lat. Locativendung -ī neben sanskr.-ĭ, die zunächst auch noch in den nachher (Ausspr. II, 721, 2. A.) wieder anders erklärten Formen wie Albāī, terrāī angenommen ist (a. a. O. I, 773): „Man kann jenes ī in Albāī, terrāī u. a. doch nicht trennen von dem ī der Locative Tibur-ī, Carthagin-ī, rur-ī .... und von dem ursprünglichen Locativsuffix -ī verwandter Sprachen. (Bopp. Vergl. Gram. I, 396 f. 2. A. Schleich. Comp. der vergl. Gram. S. 566 f. 2. A.) In jenen Lateinischen Locativformen ist einlautige Steigerung oder Längung das Locativsuffixes -ī eingetreten" ... Aber warum selbst die von mir angenommene Analogie mit den Ablativen auf -īs Corssen so unhaltbar erscheint, ist schwer ersichtlich, wenn man damit die sogleich folgenden Worte derselben Stelle vergleicht, nämlich: „... ist einlautige Steigerung oder Längung des Locativsuffixes -ī eingetreten nach der Analogie des aus ursprünglichem ai entstandenen langen -ī der Dativendungen wie Romā-ī, Tibur-ī, Carthagin-ī, rur-ī (s. oben S. 727 f. 733). Solche Analogiebildung oder Gleichgestaltung verschiedener Casus in der Quantität ihres Suffixvocales ist schon oben nachgewiesen worden. Die ursprünglich kurze Endung - es des Nominativ Pluralis von consonantischen Stämmen wurde in dieser Weise gelängt nach dem Vorbilde der Accusativendung - ēs derselben Stämme entstanden aus - ens (s. oben S. 148)." Da nach dieser Auffassung eine Längung durch Analogie sogar verschiedener Casus stattgefunden hat, so glaube ich sie um so mehr bei verschiedenen Endungen eines und desselben Casus trotz des verschiedenen Anlautes von - bis und -is und obwohl die lateinischen Grammatiker beide als völlig verschieden auffaßten, annehmen zu dürfen. Wenn aber Corſſen die Erklärung der Genetivendung -ā-ī in der 1. Declination durch das Locativſuffix -ī nachher (II. 721) wieder zurücknimmt, ſo ändert dies für den vorliegenden Fall nichts, da für die Locative Tibur-ī, Carthagin-ī, rur-ī dieſe Erklärung trotzdem in Kraft bleibt.

Mehrere Einwendungen macht Corſſen ferner (Ausſpr. II, 1020 2. A.) gegen meine Erklärung der lateiniſchen Pronominalformen. So ſagt er zunächſt über qui: „M. meint meine Erklärung der Formen quei qui zu beſeitigen durch die Behauptung quïs ſei erſt zu * quï abgeſtumpft und dann das ï in Folge ſeiner Stellung im Auslaut gelängt (Entw. d. lat. Formenb. S. 155). Das glaubt er zu beweiſen, indem er es wie eine ausgemachte Wahrheit ausſpricht, im Lateiniſchen Perfectum ſei urſprüngliches ă erſt zu ĭ abgeſchwächt und dann dieſes ĭ zu ī verlängert (a. a. O. S. 81, 216), ohne von der Thatſache, daß urſprüngliches a im Lateiniſchen Auslaut ſonſt niemals zu ī wird, irgend Kenntniß zu nehmen, oder ſich um die oben gegebene, mit den Lateiniſchen Lautgeſetzen in Einklang ſtehende Erklärung des Perfectcharakters ī irgend zu kümmern. Die alte Italiſche Vokalſteigerung des Pronominalſtammes ĭ- zu ei-, die M. fälſchlich für eine bloße Dehnung ausgiebt (a. a. O. 155), kann natürlich nicht beweiſen, daß das ĭ der Nominativform quis nach Abfall des s gelängt ſei. Schon oben iſt die Thatſache hervorgehoben worden, daß auslautendes ĭ im Lateiniſchen niemals zu ī gelängt iſt (II, 1016). Mit dem Abfall auslautender Conſonanten tritt überaus häufig Kürzung der in den Auslaut gerückten Vokale ein, niemals aber eine Verlängerung. Ueberdies iſt quei mit diphthongiſchem ei bis in die Gracchenzeit die einzige in Urkunden vorkommende Form für das ſpätere qui. Es müßte alſo nach M. infolge des Abfalls des s das i von quïs zu ei geſteigert ſein." Dann folgt auch hier wieder der ſchon öfter bemerkte Schluß: „Demnach beruht ſein Erklärungsverſuch von quei, qui auf einer gänzlichen Verkennung der lateiniſchen Auslautsgeſetze." Welche Bedeutung dieſer Einſpruch für meine Erklärung thatſächlich hat, wird am leichteſten erſichtlich ſein, wenn ich dieſe ſelbſt, wie ich ſie an der von Corſſen angeführten Stelle (Formenb. 155) gegeben habe, hier wiederhole: „Indeß läßt ſich qui auch als einfache Abſtumpfung von quis auffaſſen. Da nämlich bei is nachweislich Dehnung des Stammvocals eintrat, ſo darf man daſſelbe bei dem correlaten quis vorausſetzen; dieſe Länge konnte, als bei der Unſicherheit des auslautenden s im Altlateiniſchen eine Nebenform qui entſtand und aus unten zu erörternden Gründen beibehalten wurde, hier um ſo eher fortbeſtehen, als das i in den Auslaut getreten war, wo es zuweilen nur dieser Stellung wegen gelängt zu sein scheint (§ 81; 169)." Corssen hat also etwas bekämpft, was ich nicht gesagt habe: Er will nachweisen, daß das ī nicht nach Abfall des s und nicht wegen der Stellung im Auslaut gelängt oder vielmehr gar zu ei gesteigert sein könne; ich aber habe angenommen, es sei vor dem Abfall des s wie der Stamm von is gelängt und diese Länge dann nach dem Schwinden des s beibehalten. Für die Entstehung des ī habe ich mich also nicht auf das Perfect berufen, sondern auf die Länge in eis statt is, mag das ei hier nun einen einfachen Vocal, oder einen Diphthong bezeichnen. Die Beibehaltung dieses schon vorher langen ī bei quī habe ich dann durch Berufung auf Fälle gestützt, in denen früheres ī sogar bloß durch die Stellung im Auslaut gelängt zu sein scheine, diese letzteren also dadurch ausdrücklich als von dem Vorgang bei quī verschieden bezeichnet. Hiermit erweist sich die in jener umfangreichen Bemerkung enthaltene Polemik gegen meine Auffassung von quī als gegenstandslos. Wenn aber Corssen als angeführtes Beispiel für spätere Längung eines ursprünglich kurzen auslautenden ī bei mir nur das mit § 169 bezeichnete Perfect bemerkt hat — für welches ich übrigens die von ihm gegebene Erklärung mit Schweizer (Zeitschr. f. vgl. Sprf. XVIII, 308 ff.) nicht für annehmbar halte —, so ist dabei der mit § 81 gemachte Hinweis auf die lateinische Locativendung -ī gegenüber sanskr. -ī übersehen. Dies ist um so auffälliger, als Corssen selbst, wie aus der oben (S. 18) angeführten Stelle „Aussprache" I, 773, 2. A. hervorgeht, in diesem Fall spätere Längung eines ursprünglich kurzen auslautenden ī annimmt. Noch schwerer erklärbar aber ist die hiermit in offenbarem Widerspruch stehende gegen mich gerichtete Aeußerung (II, 1020): „Schon oben ist die Thatsache hervorgehoben worden, daß auslautendes ī im Lateinischen niemals zu ī gelängt ist." Wollte man etwa einwenden, diese Längung sei beim Loc. nicht erst im Lateinischen selbst angenommen, so würde Corssen's Berufung auf die Analogie mit dem lat. Dativ auf -ī diesen Einwand als nichtig erweisen.

Ich soll dann ferner (vgl. Ausspr. II, 1020), um Corssen's Erklärung von hīc „abzuthun", mich zu der Behauptung „versteigen", die angefügte Pronominalpartikel -ce sei aus -ecī = griech. ἐκεῖ entstanden, und mich dafür auf die Schreibweise heicei berufen haben. Da diese aber, wie ich aus Mommsen C. J. L. I. und Corssen Ausspr. I, 592 f. 2. A. hätte erfahren können, eine verderbte Schreibweise sei, auf die niemand eine sprachliche Erklärung bauen dürfe, so brauche Corssen den „irrigen Folgerungen", die ich aus diesem heicei für italische Pronominalformen ziehe, nicht nachzugehen. — Allerdings habe ich -ce als einen Locativ aufgefaßt, wie es ἐκεῖ ist, und eine diesem letztern entsprechende ältere Form von -ce in heicei gesehen. Meine Annahmen hinsichtlich der betreffenden Pronominalformen gründen sich indessen keineswegs so speciell auf dieses heicei, daß sie mit demselben hinfällig werden. Denn erstlich ist dieses für die Gleichstellung von -ce und ἐκεῖ nicht durchaus nöthig, und ferner ist diese Gleichstellung selbst wieder kein ausdrückliches Erforderniß für meine Erklärung der betreffenden Formen von hic. Für diese kommt es vielmehr nur darauf an, daß der Pronominalstamm ka-, der in ἐκεῖ, ἐκεῖνος u. a. enthalten ist, in diesen Formen einen Vocalanlaut aufweist, dessen Bedeutungslosigkeit und lautliche Schwäche aus seinem Fehlen in κεῖνος, κεῖσε u. f. w. hervorgeht. Da nun auch -ce von diesem Stamm ka- abgeleitet wird, so habe ich angenommen, daß auch dieses jenen kurzen Vorschlag hatte und durch Verbindung desselben mit dem vorangehenden kurzen Stammvocal ŏ, ă das ī und ae in hīc, haec, illīc, illaec u. dgl. entstand, während er in andern Formen dieser Pronomina hinter langen Vocalen und hinter Consonanten unterdrückt wurde. Was für eine specielle Form vom Stamm ka- dieses -ce ist, bleibt dabei für die Beurtheilung des ī, ae der erwähnten Pronominalformen völlig gleichgiltig. Da es jedoch eine Demonstrativpartikel ist, scheint mir dessen Auffassung als Locativ mit der Bedeutung „da" am einfachsten; und da nun ἐκεῖ ein solcher Locativ vom Stamm ka- ist, so würde es hiernach dem lateinischen -ce entsprechen, auch wenn heicei bloßer Schreibfehler ist. Die Kürzung würde sich nämlich aus dem Erstarren desselben zur bloßen Partikel erklären, wie auch Corssen (Ausspr. II, 636, 2. A.) eine solche für tī in u-tĭ-que, i-tĭ-dem und für -sī, -sē in ni-sĭ, ni-sĕ, qua-sĭ, qua-sĕ annimmt, denen -cĭ, cĕ in hi-cĭ-ne, hi-cĕ genau entsprechen. Als eine dem griech. ἐκεῖ entsprechende Form, die sich als selbstständiges Wort erhalten hätte, ließe sich außerdem ecce auffassen, wofern dessen cc, wie Corssen (a. a. O.) annimmt, nur durch Lautschärfung aus c, ecce also aus * ĕce entstanden ist. Der Schreibung heicei bedarf es nach dieser Darlegung also weder für die Erklärung von hic, haec, noch für die von -ce. Zu der Berufung auf dieselbe bin ich übrigens — was ich hier noch bemerke, da Corssen dies unterlassen hat, und wie die Citate an der betreffenden Stelle (Formenb. S. 164) beweisen — durch Corssen's eigene frühere Ansicht bestimmt worden, die er (Ausspr. I, 271, 1. Aufl.) mit den Worten ausgesprochen hatte: „Die älteste Form dieses -ci, -ce aber ist in der alten Grabschrift von Aquila erhalten: heicei, I. N. 5882 .... heicei ist eine doppelte Locativform, die erste Silbe hei vom Pronominalstamme ho-, die zweite vom Pronominalstamm co-, Sanskr. ka-."

Der folgende Einwand Corssen's (Aussprache II, 1020, 2. A.) gegen meine Auffassung lateinischer Pronominalformen lautet: „Das hī-bus mit seinem langen ī läßt M. ohne Weiteres aus dem Pronominalstamm hŏ- hervorgehn nach der Analogie von quĭbus, amicĭbus u. a. Ueber den Unterschied der Quantität hilft er sich auch hier mit einer seiner Analogien hinweg, solcher angeblicher Analogien, mittelst deren man" — und nun folgt der bekannte Schluß — „die ganze lateinische Lautlehre lahm legen und erklären kann, was man will." Ich habe (Formenb. 161) über hibus gesagt: „Ganz unwesentlich ist endlich (nämlich als Beweis für einen i-Stamm hi- in hic) die vereinzelte Pluralform hibus, da sie sich, wenn sie mehr als eine komische Nachbildung von ibus, quibus sein sollte, auch nach Analogie von dibus, filibus, amicibus aus dem gewöhnlichen o-Stamm ableiten läßt." Ein beigefügtes Citat zeigt, daß ich diese Erklärung nicht selbst gegeben, sondern entlehnt habe. Die Stelle, auf welche ich mich berufen habe, lautet: „Das nur einmal vorkommende hi-bus ist wahrscheinlich nur eine Bildung nach der Analogie von quibus, das ich oben zu dem Stamme qui- gezogen habe, obwohl beide auch durch Abschwächung des o zu i aus * quo-bus, * ho-bus entstanden sein können." Der Verfasser derselben ist aber niemand sonst als Corssen selbst in seinen Kritischen Nachträgen S. 99. Es fällt hiernach also auch der Vorwurf, daß man durch eine solche Analogie die ganze lateinische Lautlehre lahm legen und erklären könne, was man wolle, auf Corssen selbst zurück. Außerdem habe ich an jener Stelle nicht nur Formen mit kurzem i mit hibus zusammengestellt, sondern auch eine, in der dieser Vocal nachweislich einmal lang war, die aber von Corssen übergangen ist, nämlich ibus, dessen i nach Spengel in seiner Ausgabe des Truculentus (Anm. zu I, 2, 14) sogar immer lang ist. Es erscheint mir außerdem nur wegen der ausdrücklichen Angabe des Priscian, daß hibus für his gesagt sei, bedenklich, dieses als überhaupt nicht zu hic gehörig aufzufassen, sondern einfach für ībus mit irrthümlich zugesetztem h zu halten (vgl. hac, his statt ac, is u. a. Corssen Ausspr. I, 110, 2. A.). Jedenfalls aber könnte ein dem ībus äußerlich vielleicht zu komischen Zwecken nachgebildetes hibus von diesem das lange ī entlehnt haben.

„Zu dieser Reihe grundloser Behauptungen über quī und hīc", fährt Corssen (II, 1020) fort, „stellt M. dann die Vermuthung auf, die Genitivendung -īus in quo-i-us, ho-i-us sei aus einer Urform

---

-sjas entstanden (Formenb. 85). Auch diese ist irrig, denn von einer Grundform -sjas des Genitivs würde das s im Lateinischen zu r gesunken sein wie das s des Suffixes -sam in der Endung des Gen. Plur. Lat. -a-rum, -o-rum, Umbr. -a-ru. Aus diesem Grunde ist auch die weitere Hypothese M's. hinfällig, die Dativendnng -i-ei in quo-i-ei sei aus einer angeblichen Grundform -sjai entstanden (a. a. O. 93). Die Polemik M's. gegen meine Erklärungen der Formen quo-i-us, ho-i-us, quo-i-ei erledigt sich durch das oben Gesagte (s. oben II, 672—677). Von M's. sämmtlichen Erklärungsversuchen der hier besprochenen Pronominalformen beruht auch nicht einer auf haltbarer Grundlage und Beweisführung." Was erstlich den Ausfall eines s zwischen Vocalen im Lateinischen betrifft, so nimmt Corssen selbst (Ausspr. I, 281, 2. A.) diesen für die abgeleiteten Casus von dies, spes, pubes, moles bei ihrem Declinationswechsel an. Nun habe ich aber nicht einmal lat. -ius, -iei unmittelbar aus -sjas, -sjai hergeleitet, sondern angenommen, ihr s sei, da es nur in einem Theil der entsprechenden Sanskritendungen vorhanden ist, in andern wie im Griechischen und Lateinischen fehlt, schon vor der Sprachtrennung theilweise unterdrückt und in den gräkoitalischen Sprachzweig nur die Form ohne anlautendes s, also *-ias oder -ios gekommen Durch die Bestreitung meiner Annahme scheint mir außerdem meine Polemik gegen Corssen's Erklärung noch keineswegs erledigt, da sie nicht auf jener Annahme, sondern auf folgenden Gründen beruht. Corssen faßt das i dieser Endungen als ein zugetretenes Locativsuffix auf. Dies halte ich deswegen für unwahrscheinlich, weil ein solches demonstratives i nach Ausweis des Griechischen und Umbrischen weder auf gewisse Casus beschränkt ist und diesen dauernd anhaftet, bei andern aber gänzlich fehlt, noch zwischen Stamm und Endung tritt, sondern dem Wortende angefügt wird, noch endlich die Anwendung eines solchen locativen i bei Wörtern wie neuter, alter u. s. w. anzunehmen ist. Da auch Windisch die Einschiebung dieses i zwischen Stamm und Endung für unwahrscheinlich erklärt hat, so bemerkt Corssen (Ausspr. II, 677 Anm. 2. A.) dagegen: „Ich habe von vorn herein das quo-ī derselben [nämlich von quoius] mit Umbr. po-ī zusammengestellt, also auch angenommen, daß Lat. quo- wie Umbr. po- eine Nominativform war, die das auslautende s eingebüßt hat, die dem nackten Stamm quo- wieder gleich geworden ist, und wenn ich das nicht überall ausdrücklich gesagt habe, so habe ich es jetzt von Neuem hervorgehoben." Nun hat aber Corssen ausdrücklich gesagt: „Im Genetiv ist also an die zu quo-i-, ho-i- erweiterten Stämme die Endung -us getreten" (Krit. Beiträge 545); und: „Ich habe nachgewiesen,

daß in dem Gen. quo-i-us und in dem Dat. quo-i-ei der Pronominalstamm quo- durch ein ī erweitert ist" (Zeitschr. f. vgl. Sprf. XVI, 299).
Ebenso spricht derselbe (Ausspr. I, 307; 785, 2. A.) von dem in quo-i-ei
erweiterten Stamm quo-. Wenn man nun aber hiervon abgesehen der
jetzt gegebenen Erklärung folgt, so würde danach das an das Wortende
gefügte i zunächst mit dem abgestumpften Nom. quo- so fest verwachsen
sein, daß dieses quoi von der Sprache als Stamm aufgefaßt und als
solcher dann auch der Bildung anderer Casus als Stamm zu Grunde ge-
legt wurde. Selbst wenn ein solcher Vorgang an sich wahrscheinlich
wäre, so würde dagegen doch erstlich noch der Umstand sprechen, daß bei
der größern Zahl der Casus von qui keine Spur einer Bildung derselben
von einem Stamm quoi vorhanden ist, und daß ferner diese Erklärung
auf den Gen. und Dat. von alter, neuter, nullus u. s. w. überhaupt nicht
anwendbar wäre, da bei ihnen kein solcher abgestumpfter und durch i er-
weiterter Nominativ * alteroi oder * alteri vorhanden ist. Corssen hat
sich ferner für seine Erklärung auf die Länge des i in quoius berufen
(Krit. Beitr. 544). Dagegen habe ich eingewandt, diese sei unerwiesen,
da alterīus u. s. w. aus altero-ius contrahirt, die Messung quoíus in
dem Saturnier quoius forma virtutei parisuma fuit unverbürgt sei.
Da auch diesen Einwand Windisch ebenfalls erhoben hat, so bemerkt
Corssen dagegen (Ausspr. II, 677 Anm. 2. A.), er habe diese Messung
bereits als für den Vers nothwendig nachgewiesen, und außerdem
finde sie ihre Stütze in dem langen ī vom umbr. po-ī, po-ei, griech.
οὗτοσ-ί. Daß aber auch Corssen eine solche eben nur angenommene
Messung nicht für einen ausreichenden Beweis für die Quantität eines
Vocals hält, spricht er sogleich auf der folgenden Seite (678 A.) deutlich
aus, indem er zugiebt, daß die Messung Lucius und Louciom zwar sehr
ansprechend sei, da durch sie zwei regelrechte Saturnier hergestellt werden,
aber von seiner früheren Ansicht (Krit. Beitr. 544) abweichend hinzufügt,
daß für die Annahme eines langen ī in Lucius doch erst eine sprachliche
Erklärung nothwendig sei, zumal ja die Messung vieler saturnischer Verse
völlig ungewiß sei. Wenn nun eine solche Erklärung für quoīus an-
scheinend durch die Berufung auf umbr. poī, poei, griech. οὗτοσί gegeben
ist, so ist dagegen einzuwenden, daß das Vorhandensein dieses demonstra-
tiven ī in quoius eben unerwiesen und wenigstens theilweise erst wieder
aus der angenommenen Länge des i in diesem gefolgert ist (Krit. Beitr.
a. a. O. Ausspr. I, 307, 2. A.)

An einer andern Stelle (Ausspr. II, 1028, 2. A.) bemerkt Corssen
über meine Erklärung von ipse: „Die Behauptung Merguets, daß

-p-se in i-p-se sei ursprünglich indeklinabel gewesen, dann seien erst später Flexionsendungen an dasselbe angeflickt worden (Entw. d. lat. Formenb. S. 160), entbehrt jeder thatsächlichen Grundlage, da die flectierten Formen i-p-so-s, i-p-su-s, i-p-s-ius, sa-p-sa u. a. in der ältesten Lateinischen Sprache, die wir kennen, gebräuchlich sind (s. oben II, 236). Jene Behauptung ist nur aufgestellt, um glaublich zu machen, daß -p-su-s, -p-sa, in i-p-su-s, i-p-sa aus -pte für pote entstanden sei." Natürlich habe ich an der angeführten Stelle von einem „spätern Anflicken" der Casusendungen nicht gesprochen, wohl aber von dem Uebergang der Flexion aus der Mitte dieses Compositums von is auf das Wortende und angenommen, daß dieser eintrat, als die am Ende flectirten Stämme illo-, isto- durch die Abstumpfung im Nominativ zu ille, iste dem Nom. ipse äußerlich gleich wurden, indem durch diese äußere Gleichheit jenes in die Analogie dieser hineingezogen wurde. Auch habe ich diese Annahme nicht aufgestellt, um glaublich zu machen, daß -psus -psa aus -pte entstanden sei, sondern weil die alte Sprache noch die Formen eumpse, eampse, eopse, eapse, reapse=re eapse statt des gewöhnlichen ipsum, ipsam, ipso, ipsa in einer Anzahl Beispiele aufweist (Neue, Formenlehre d. lat. Spr. II, 142). Jene Annahme entbehrt also auch nicht der thatsächlichen Grundlage, sondern hat sie in diesen Formen, die von Corssen bei seinem Einspruch ganz übergangen sind.

Schließlich komme ich nun zu dem Widerspruch, der gegen meine Untersuchung über den Ursprung der Verbalendungen erhoben ist. Da dieser gleichzeitig von den verschiedensten Seiten ausgegangen ist, so könnte diese Uebereinstimmung allerdings leicht für eine Bürgschaft für seine Berechtigung gehalten werden. Es ist dabei jedoch nicht außer Acht zu lassen, daß die von mir angegriffene Lehre Bopp's, Verbalendungen seien häufig aus Hilfsverben entstanden, bereits eine so allgemeine Annahme gefunden hatte, daß ein Widerspruch gegen dieselbe nothwendig auf vielseitigen Widerstand stoßen mußte. Trotzdem scheint sich derselbe weniger gegen meine Bekämpfung jener Lehre, als gegen meinen eignen Erklärungsversuch zu richten.

Corssen (Ausspr. II, 1025, 2. A.) giebt bei seinem Widerspruch meinen Annahmen eine dramatische Gestaltung: Auf der sprachwissenschaftlichen Bühne erscheint eine für abgethan gehaltene naive Erklärungsweise neu aufgeputzt mit den Syllogismen einer phonologischen Dialektik; und zum Schluß werden von mir die Lautgesetze der lateinischen und der griechischen Sprache durch eine Hauchverdichtungstheorie auf den Kopf gestellt. Der bekannte Refrain von den Lautgesetzen ist also hier entschieden poetisch gesteigert. Einmal habe ich dieselben verkannt (a. a. O. 1020), dann auf ihre Kosten erklärt (a. a. O.), dann gegen ein Lautgesetz verstoßen (a. a. O. 1021), dann die ganze lateinische Lautlehre lahm legen wollen (a. a. O. 1020), und jetzt endlich gar die Lautgesetze der lateinischen und der griechischen Sprache auf den Kopf gestellt. — Sehen wir uns nun diese „Syllogismen einer phonologischen Dialektik" etwas genauer an.

Im Lateinischen wie im Griechischen und andern verwandten Sprachen soll eine große Zahl der Verbalendungen dadurch entstanden sein, daß gewisse Formen von Hilfsverben an den Stamm andrer Verba antraten, mit diesem zu einem Wort verwuchsen und so zu bloßen Endungen herabsanken. So soll -bam aus einem Imperfect * fuam von fuo, -bo aus einem Futurum * fuo oder * fuio, -rem aus essem, -vi, -ui aus fui, -ϑην aus ἔϑην, -ϑησομαι aus Fut. ϑήσομαι, umbr. -fust aus Fut. II fust u. s. w. entstanden sein. Dieser Annahme widerspricht nun aber die Thatsache, daß in den bekannten Fällen, in denen ein Hilfsverb zur Tempus- oder Modusbildung, also zur Conjugation eines andern Verb gebraucht ist, dieses letztere auch immer nur in einer ausgebildeten Flexions=form erscheint, mögen nun beide Theile getrennt geblieben sein wie in amatus sum, amatum iri u. s. w., oder zu einem Wort verschmolzen sein wie sanskr. córajā'ṅ-ćakāra, córajā'm āsa, córajā'm-babhūva, goth. sōkida, satida, französ. aimer-ai, aimer-ais. Denn in den sanskr. Formen ist der erste Theil ein Accusativ, in den gothischen, wie Bopp (Vergl. Gram. II, 506 f. 2. A.) annimmt, aus einem solchen abgestumpft und in den französischen der gewöhnliche Infinitiv. Es scheint daher die Frage berechtigt, wodurch denn trotzdem die angenommene Verbindung von Hilfsverben mit unflectirten Stämmen gestützt wird. Sie gründet sich auf die zum Theil völlige äußere Uebereinstimmung solcher Endungen mit den betreffenden Formen von Hilfsverben und für das Lateinische noch besonders auf das Perfect potui, da dessen Präsens durch seine offenbare Composition mit sum den Beweis liefern soll, daß potui mit fui zusammengesetzt sei (vgl. Bopp a. O. II, 436). Als Beweis für die Verbindung eines Hilfsverb mit einem andern Verbalstamm scheint nun aber potui überhaupt nicht brauchbar; denn selbst wenn es aus pote fui entstanden wäre, so würde pote hier doch immer kein Verbalstamm, sondern auch nur ein selbstständiges flectirtes Wort sein. Es könnte also immer nur die Kürzung von fui zu -ui, nicht aber die Composition desselben mit einem Verbalstamm beweisen. Hiermit stimmt Curtius' Annahme, potui sei aus pote fui bedeutend später als die übrigen Perfecta

auf - ui, -vi entstanden, überein, die dieser Gelehrte (Bemerkungen über
die Tragweite der Lautgesetze, insbesondere im Griechischen und Lateinischen S. 27; in den Berichten d. K. sächs. Ges. d. Wiss. 1870) mit den
Worten ausspricht: „Im Perfect konnte überdies die Kürzung von potis
oder pote fui zu potui durch die Analogie der zahlreichen längst üblichen
Perfecta auf ui begünstigt werden, wenn gleich die Sprechenden sich dessen
kaum bewußt waren, daß auch das ui von alui, monui, sapui einst aus
fui entstanden war." Bei dieser Auffassung würde ein Rückschluß von potui
auf die Bildung der übrigen Perfecta auf - ui unstatthaft sein, jenes also überhaupt nicht mehr als Beweis für die Bildung dieser dienen können. Nun
habe ich aber ferner auch bestritten, daß potui überhaupt aus pote fui
entstanden sei. Hiergegen bemerkt Curtius (a. a. O. S. 26), er könne
Pauli (Zeitschr. f. vgl. Sprf. XIX, 225) durchaus nicht beistimmen,
daß von mir hierfür „der Beweis erbracht" sei. Gegen meine Aeußerung
(Formenb. 194), man dürfe bei gleichem Ursprung der Präsens- und
Perfectformen auch beim Perfect das Vorhandensein unverbundener For=
men in gleicher Häufigkeit wie beim Präsens erwarten, wendet Curtius
nämlich ein, eine so unbedingte Regelmäßigkeit herrsche keineswegs überall
im Leben der Sprache, weist dann auf die ungleiche Behandlung des
Stammes in * ἐσμι, εἰμί u. a. hin und meint, da auch von den Prä-
sensformen von possum manche nur vereinzelt in unverbundener Gestalt
vorkommen, so würde demgemäß die Entstehung durch Composition dann
bei solchen ebenso bestritten werden können wie bei potui. Man könnte
mit demselben Recht, mit welchem ich aus dem einmaligen Vorkommen
von pote fuisset schließe, daß dies nur eine spätere den übrigen nachge-
bildete Form sei, auch von potis eram, potis ero, ja sogar von potis
sum dasselbe behaupten, da auch für diese nur je ein Beispiel von mir
beigebracht sei. Die größere Seltenheit gewisser Formen, darunter auch
der perfectischen, erkläre sich aus der größern Schwerfälligkeit der zuge=
hörigen Form von sum. Mir scheint jedoch erstlich eine solche Gegen-
überstellung jeder beliebigen in unverbundener Gestalt nur vereinzelt vor-
kommenden Form von possum mit den übrigen durch die vorliegende
Frage selbst ausgeschlossen. In der Flexion der lateinischen Verba sondern
sich durch Stammverschiedenheit deutlich die beiden Gruppen der Präsens-
und Perfectformen (mordeo — momordi, vinco — vici, fero — tuli
u. s. w.). Nun wird für possum angenommen, da eine dieser Gruppen,
nämlich die des Präsens, nachweislich mit sum zusammengesetzt sei, so
folge daraus die Composition der Perfectgruppe mit fui. Wenn man
nun die Gleichartigkeit der Entstehung beider bezweifelt, so ist doch durch

jene Behauptung felbſt die Frage geboten, ob ſich bei der Gruppe der Perfectformen auch ſolche Beweiſe für die Compoſition mit fui finden, wie beim Präſens für die Verbindung mit sum. Es ſind demnach die Perfectformen in ihrer Geſammtheit der Gruppe der Präſensformen hierdurch gegenübergeſtellt; und da bei letzteren die Compoſition mit sum nicht nur durch die auf sum und possum beſchränkte Eigenartigkeit der Flexion, ſondern auch durch zahlreiche Uebergangs- und unverbundene Formen erwieſen wird, ſo habe ich, da das Perfect nicht eine bloß mit fui, ſondern eine auch mit allen übrigen Perfecten auf -ui übereinſtimmende Flexion hat, dieſe mithin hier nicht dieſelbe Beweiskraft wie beim Präſens hat, unterſucht, ob auch beim Perfect ſolche Uebergangs- oder unverbundene Formen vorkommen, welche die Zuſammenſetzung mit fui beweiſen könnten. Hierbei hat ſich für die Perfectgruppe nur das einmal vorkommende pote fuisset ergeben, während ſich für die Präſensgruppe 82 Beiſpiele theils unverbundener, theils von Uebergangsformen und außerdem 45 für die Anwendung von potis oder pote ohne sum finden. Wegen dieſes Verhältniſſes und weil pote fuisset ſich außerdem erſt verhältnißmäßig ſpät, nämlich bei Terenz findet, habe ich angenommen, es ſei nicht als urſprünglich, ſondern nur als äußerliche Nachbildung des unverbundenen Präſens anzuſehen. Hiergegen fragt nun Curtius, welche Wahrſcheinlichkeit es hätte, bei einem Bühnendichter wie Terenz eine „äußerliche Nachbildung" andrer Formen vorauszuſetzen, und meint, gelehrte Nachahmung alter Formen, die bei einem alexandriniſchen Dichter denkbar wäre, ſei bei Terenz völlig unglaublich. Eine gelehrte Nachahmung alter Formen habe ich nun aber weder angenommen, noch würde mir eine ſolche Annahme ſtatthaft erſcheinen, und zwar nicht bloß weil gelehrte Nachahmung bei Terenz unglaublich iſt, ſondern auch weil die unverbundenen Präſensformen damals garnicht „alte" Formen waren, ſofern darunter der gewöhnlichen Rede bereits fremd gewordene verſtanden werden, die Häufigkeit ihres Gebrauchs vielmehr zeigt, daß ſie der lebendigen Sprache noch durchaus geläufig waren. Ich habe die äußere Nachbildung eben nur ſo verſtanden, daß man durch das Nebeneinanderbeſtehen von possum und potis sum u. ſ. w. beim Präſens veranlaßt wurde, nach dieſer Analogie ſich auch einmal potis oder pote fui neben potui zu geſtatten. — Außerdem habe ich nun aber ferner den von Curtius angefochtenen Satz: „Wenn man annimmt, daß das Perfect gleichen Urſprung mit dem Präſens habe, ſo wäre zu erwarten, daß ſich in jenem Tempus die unverbundenen Formen in derſelben Häufigkeit fänden, wie in dieſem" geſtützt und näher begründet durch den unmittelbar angeſchloſſenen Zuſatz:

„und zwar um so mehr, wenn man mit Bopp das Fehlen perfectischer
Uebergangsformen aus den größeren lautlichen Schwierigkeiten bei der
Verbindung von pote und fui herleitet, da alsdann zu erwarten wäre,
daß die Sprache, um jene Schwierigkeiten zu vermeiden, die unverbundene
Form gerade im Perfect vorgezogen und so lange bewahrt hätte, als dieselbe überhaupt noch zulässig erschien." Beim Präsens finden sich drei
Arten von Formen: 1) die gewöhnlichen, 2) unverbundene in 57 Beispielen, außerdem 45, wo potis, pote ohne die betreffende Form von sum
steht; 3) Uebergangsformen in 25 Beispielen, in denen beide Theile zwar
schon verbunden sind, diese Verbindung aber noch nicht die spätere Gestalt
erlangt hat. Beim Perfect dagegen findet sich außer dem gewöhnlichen
potui von unverbundenen nur einmal pote fuisset, Uebergangsformen
aber garnicht. Dieses Verhältniß ist um so auffälliger, da der Verbindung von pote und fui größere lautliche Schwierigkeiten entgegenstanden,
als der von pote und sum. Daß ich gesagt hätte, pot-fui könne lautlich nicht potui werden, sondern höchstens poffui, wie mir in der Recension des Philol. Anz. (Bd. II; H. 6, S. 275) zugeschrieben wird, ist
unrichtig; ich habe nur gesagt, man könne für den Uebergang von pote
fui zu potui eine Uebergangsstufe potfui kaum vermeiden. Aus der
lautlichen Schwierigkeit der Verbindung beider Theile ließe sich nun zwar
das Fehlen der Uebergangsformen erklären, da diese eben wegen ihrer
lautlichen Unbequemlichkeit von der Sprache möglichst gemieden und daher
rasch beseitigt sein könnten. Wenn nun also die Lautverhältnisse beim
Perfect eine zwanglose allmählige Verbindung beider Theile wie beim
Präsens nicht gestatteten, so war der Uebergang von pote fui zu potui
doch jedenfalls gewaltsamer, als der von pote sum zu possum u. s. w.
Nun darf man aber voraussetzen, daß die Verschmelzung beider Theile
zuerst da eintrat, wo sie am leichtesten erfolgen konnte, und daß durch
diese Analogie sie dann erst auch da bewirkt wurde, wo die Lautverhältnisse weniger fügsam waren. Es müßte hiernach also gerade bei dem
schwieriger vereinbaren Perfect die unverbundene Form am längsten fort-
bestanden haben. Da jedoch hier nur einmal pote fuisset vorkommt,
beim Präsens dagegen unverbundene Formen in 57 Beispielen erhalten
sind, die Thatsachen also mit jener Voraussetzung im entschiedensten Widerspruch stehen, so folgt daraus, daß die Annahme, potui sei aus pote fui
entstanden, unrichtig ist. Die Frage, wofür es dann zu halten sei, habe
ich dann, gestützt auf lat. potiri, alt potire, compotire, potens neben
osk. potiad, potians=possit, possint, wozu Pauli (Ztschr. f. vgl. Sprf.
XIX, 226) nach sanskr. pátjatē „mächtig sein" fügt, dahin beantwortet,

daß es mir ein defectiv gewordenes Perfect zu sein scheine, welches im Präsens durch die nachher zusammengewachsene Umschreibung mit potis, pote sum „ich bin mächtig" ergänzt wurde. Wenn jedoch Curtius (a. a. O. 26) angiebt, diese Annahme über potui sei von mir als Grundlage für sehr weit gehende Schlüsse benutzt, und in der Recension des Literar. Centralbl. (1870, Nr. 19, S. 528) gesagt ist, daß ich mich für die Bestreitung zusammengesetzter Tempora namentlich auf die alten Formen von possum stütze, so bemerke ich, daß, wie obige Untersuchung lehrt, diese letzteren von mir überhaupt nur für die Prüfung der Entstehung von potui aus pote fui herbeigezogen sind und daß auch die daraus gewonnene Ansicht über potui bei meinen ferneren Annahmen, wie sich sogleich zeigen wird, nur in so weit in Betracht kommt, als dadurch ein Hauptbeweismittel, welches sonst für die angenommene Entstehung von Verbalendungen aus Hilfsverben geltend gemacht wurde, beseitigt ist.

Gegen die Annahme der Zusammensetzung selbstständiger flectirter Wörter mit unflectirten Stämmen, die hierbei vorausgesetzt wird, habe ich mich nämlich ferner aus folgendem Grunde erklärt. Da der zweite Theil solcher Compositionen eben ein selbstständiges Wort ist, so scheint es mir unerklärlich, wie ein solches anders als mit einem andern selbstständigen Wort, wie es mit einem in der lebendigen Sprache thatsächlich nicht existirenden bloßen Worttheil verbunden, woher die Sprache diesen praktisch nicht vorhandenen Worttheil genommen haben, wie also die Verbindung zweier Theile erfolgt sein soll, von denen der eine in der Rede wirklich vorhanden war, der andere aber nicht. Diese Schwierigkeit wird vermieden, wenn man frühere selbstständige Existenz der Stämme, d. h. eine frühere Gestalt der Wörter annimmt, die dem spätern Stamm gleich war. Da eine solche nur vor der Flexion bestanden haben kann, das angeblich angetretene Hilfsverb dagegen flectirt ist, so führt dies zu dem Widerspruch, daß hier zwei Theile verbunden sein müßten, deren einer nur der Zeit vor der Entstehung der Flexion, der andere nur der Zeit nach Entstehung derselben angehören könnte, daß mithin die Voraussetzung ihrer gleichzeitigen Existenz, die bei der Annahme ihrer Composition nicht entbehrt werden kann, ein Widerspruch in sich selbst wäre. Es sind nun dagegen von mehreren Seiten verschiedene Composita angeführt worden, welche trotzdem die Zulässigkeit der Annahme, daß auch Hilfsverba an Verbalstämme getreten sein könnten, beweisen sollen. Corssen verweist (Ausspr. II, 1025, 2. A.) auf Zusammensetzungen wie gnar-igare, mit-igare, sat-agere, man-dare u. a., Pauli (Zeitschr. f. vgl. Sprf. XIX, 304) führt θεομαχία, deutsch „Rechenheft", und der Philol. Anz. (II, 275) μαχρόχειρ, longimanus an. Die meisten unter diesen Beispielen scheinen mir indeß dem vorliegenden Fall nicht zu entsprechen. Es ist angenommen worden, daß einzelne Formen von Hilfsverben in ihrer gangbaren Gestalt an unflectirte Verbalstämme antraten und erst dann zuweilen Umwandlungen in ihrem Anlaut erfuhren. Zur Unterstützung dieser Annahme würden also Beispiele erforderlich sein, in denen ebenfalls ein auch selbstständig vorhandenes Wort mit einem Stamm verbunden erscheint. Das ist nun bei gnarigare, mitigare, θεομαχία nicht der Fall, denn ihr zweiter Theil kommt eben als selbstständiges Wort nicht vor. Sie gehören vielmehr einer andern Classe von Compositen an, nämlich der, in welcher der zweite Theil vom Simplex durch eine Ableitungsendung oder sonstige Wandlung unterschieden ist, die also besondere Bildungen mit eigenartigem Bildungscharakter d. h. besondere Wortbildungen mit zusammengesetztem Stamm sind. Zu derselben Art gehört longimanus, da in ihm nicht das Subst. manus mit einem u-Stamm enthalten, sondern ein Adjectiv mit dem Stammauslaut -o- von dem aus longo- und manu- zusammengesetzten Stamm gebildet ist. Endlich scheint mir auch μαχρόχειρ dieser Gattung zuzugehören und die Uebereinstimmung des zweiten Theils mit dem Subst. χείρ nicht darauf zu beruhen, daß hier dieses selbst unmittelbar angefügt ist, sondern darauf, daß solche aus Adj. und Subst. zusammengesetzte Adjectiva die Form und Flexion des selbstständigen Substantivs behalten, wenn sie sich der adjectivischen Flexion fügt (omnicolor, omnimodus, multannus, πολύπαις, πολύιχθυς, ὠχύπους, εὐρύπορος u. a.), dagegen von jener abweichen, wenn sie mit dieser nicht vereinbar ist (centimanus, aequimanus, omnigenus, multiiugus, πολύδωρος, πολύθυρος, πολυείμων u. s. w.). Außerdem enthalten sie nicht den unveränderten Begriff des Substantivs, z. B. bedeutet omnicolor nicht „alle Farbe", sondern sie haben statt dessen den adjectivischen „mit etwas begabt, versehen." Eine Verbindung von Stämmen mit selbstständigen Wörtern liegt ferner nicht vor in den Compositen, deren zweiter Theil zwar auch als selbstständiges Wort vorkommt, deren erster aber kein Stamm, sondern ebenfalls ein selbstständiges Wort ist. Es ist dies ebenfalls eine besondere Compositionsclasse und umfaßt diejenigen Zusammensetzungen, welche Grimm (Deutsche Gram. II, 407 f. 2. Aufl.) uneigentliche nennt. Es sind dies Verbindungen zweier Wortformen, die ursprünglich in der Sprache getrennt und selbstständig neben einander standen, wie „Herzensdrang", iurisconsultus, iurisdictio Διόςχουροι, u. s. w. Zu diesen gehört auch satagere, das ebenso componirt ist, wie satisfacere. Ob auch mandare diesen Ursprung hat und hierin ein Casus von manus gekürzt ist wie animum in animadvertere, scheint zweifelhaft, da das aus venumdare gekürzte vendere dann eher * mandĕre erwarten ließe. Daß es aber trotzdem nicht als eine Composition des unveränderten dare mit dem Stamm von manus angesehen werden kann, zeigt die Verschieden- heit der Quantität und Flexion. Die Verbindung eines Stammes mit einem selbstständigen Wort zeigt dagegen das Beispiel „Rechenheft" und überhaupt die ganze Classe von Compositen, zu welchen dieses gehört und die Grimm (a. a. O.) eigentliche Composita nennt. Es fragt sich daher, ob diese Zusammensetzungen, die im Deutschen außerordentlich zahl= reich sind (Grimm a. a. O. II, 405—596, 624—676, 678—697), aber auch im Lateinischen und Griechischen vorkommen (rupicapra, montivagus, anguitenens, magniloquentia, doctiloquax, omnitenens; λιμνοθάλαττα, ἀνδρόθηλυς, τρωγλοδύων, πλαγίαυλος, ὠχρόλευκος, εὐρυρέων u. s. w. vgl. Lobeck Parerga S. 481—632), zu beweisen vermögen, daß For- men von Hilfsverben mit Verbalstämmen, oder zunächst, daß überhaupt selbstständige Wörter mit nackten Stämmen componirt werden konnten, d. h. also, ob sie in der Weise entstanden sind, daß das in ihnen ent- haltene selbstständig existirende flectirte Wort als solches an den bloßen Stamm eines andern Wortes trat. Obgleich ihre Gestaltung dies unwider- leglich darzuthun scheint, so begegnet eine solche Annahme doch wieder dem bereits oben geäußerten Bedenken. Denn da alsdann der zweite Theil als flectirtes Wort nur der Zeit nach Entstehung der Flexion ange- hören könnte, selbstständig existirende unflectirte Stämme aber nur in einer Sprache ohne Flexion denkbar sind, so würde es sich auch hier wieder fragen, woher die Sprache solche zur Zeit der Flexion, in die man doch den Ursprung solcher Composita wegen der Beschaffenheit des zweiten Theils setzen müßte, genommen haben soll. Daß die Sprache sie dadurch gewonnen hätte, weil, wie Pauli (a. a. O.) annimmt, man noch den un- flectirten Stamm als solchen im Bewußtsein hielt, oder wie der Rec. im Philol. Anz. meint, weil man den constanten und den beweglichen Theil eines Wortes unterschied, daß sie also wie bei der Ableitung aus den wirklich vorhandenen Wörtern abstrahirt seien, ist mir deswegen nicht wahrscheinlich, weil der zweite Theil durch seine Flexion den Charakter eines praktischen Redetheils an sich trägt, als solcher nur in der wirklichen Rede Anwendung findet und durch diese Beschaffenheit und Anwendung ein so theoretisches Verfahren, wie die Composition mit einem abstrahirten Stamm sein würde, von sich auszuschließen scheint. Und in der That scheint sich auch noch ein anderer Weg zur Erklärung dieser Composita darzubieten. Wenn man nämlich annimmt, daß die Sprache eine Zeit lang ohne Flexion war, so würden die Wörter in dieser Periode die Gestalt bloßer Stämme gehabt haben. Wie nun in späterer Zeit zwei flectirte syntaktisch zusammengehörige Wörter zu einem Compositum verbunden wurden (Lebens-lust, Senats-beschluß), so könnten auch damals jene flexionslosen Wörter zu Compositen vereinigt sein. Diese letztern würden dann zunächst auch nur die Form eines unflectirten Stammes gehabt, aber eben nur noch als ein einziges einheitliches Wort gegolten haben. Sobald nun beim Entstehen der Flexion die Wörter mit Flexionsendungen versehen wurden, mußte dies nicht nur bei den einfachen, sondern auch bei den zusammengesetzten stattfinden. Da bei diesen aber die Endung, obwohl dem ganzen Wort zugehörig, ¯thatsächlich an den zweiten Theil antrat und dieser auch außerdem noch selbstständig in einer solchen flectirten Form in der Sprache vorhanden war, so gewann es hierdurch den Anschein, als sei derselbe in dieser flectirten Form in jenen Compositen mit einem nackten Stamm verbunden. Diese Vermuthung wird durch die Thatsache unterstützt, daß im Deutschen die Composita häufig anders flectirt werden als das entsprechende Simplex (Grimm a. a. O. II, 542). Die angeblich componirten Verbalformen lassen sich aber deswegen nicht in derselben Weise auffassen, weil, wenn z. B. amabam aus amasu-am entstanden sein sollte, nicht abzusehen wäre, welchen Zweck hier fu- haben soll, da es doch in er-am fehlt, ohne daß dessen Imperfectbedeutung dadurch beeinträchtigt wäre. Hiernach würden also die eigentlichen Composita ein Erzeugniß der noch flexionslosen Sprache sein, wie die uneigentlichen ein solches der flectirten sind.

Während durch diese Auffassung die Annahme der Verbindung selbstständiger Wörter mit Stämmen überhaupt ausgeschlossen ist, so enthalten, hiervon ganz abgesehen, die eigentlichen Composita außerdem noch einen gewichtigen Beweisgrund speciell gegen den angenommenen Antritt eines Hilfsverb an einen Verbalstamm. Es sind bei ihnen nämlich, und zwar im Deutschen unendlich häufig, Nominal- und auch Verbalstämme mit einem Nomen als zweitem Theil componirt (Grimm a. a. O. 426—581; 627—668; 680—695), viel seltner ein Nomen mit einem Verb als zweitem Theil, indem sich diese Compositionsart häufig nicht auf das ganze Verb erstreckt, sondern nur bei den Nominalformen desselben stattfindet (gottvergessen, τρωγλοδύων, arcitenens), und außerdem alle diejenigen componirten Verba hiervon auszuschließen sind, die selbst erst von einem zusammengesetzten Nomen abgeleitet sind, wie „rathschlagen", χερρονησίζω u. s. w. (a. a. O. 581—596; 668—676; Lobeck, Parerga 566 ff; 608). Es zeigt sich hierin also schon eine viel geringere Fähigkeit des Verb, den zweiten Compositionstheil zu bilden. Niemals aber wird dasselbe im Deutschen mit einem andern Verb verbunden (Grimm a. a. D. 687), also eine Zusammensetzung gebildet, wie sie in der ange-nommenen Verbindung von Hilfsverben mit Verbalstämmen vorausgesetzt wird. Auch im Sanskrit und Griechischen kommt dieselbe nicht vor. Für das Lateinische nimmt Corssen (Aussspr. II, 514; 887, 2. A.) eine solche an in den Compositen von facere und fieri, wie calefacere, are-facere, patefacere, calefieri u. s. w. Wenn die Richtigkeit dieser An-nahme schon dadurch fraglich wird, daß gerade solche Compositionen dem Deutschen trotz seiner ungleich größern Anzahl anderer Arten wirklicher Composita gänzlich fehlen, so erscheint sie dadurch noch zweifelhafter, daß in dem ältern Latein beide Theile noch getrennt vorkommen, so in facit are, ferve bene facito, consue quoque faciunt, excande me fecerunt (Corssen a. a. D. II, 887), damals also der erste Theil noch ein selbststän-diges Wort mit eignem Ton war. Da nun aber in dieser Zeit die selbst-ständige Existenz unflectirter Stämme nicht anzunehmen ist, so habe ich (Formenb. 191) diese Formen auf -e als Flexionsformen, nämlich als eine ältere Form des Infinitiv, jene Verbindungen selbst mithin als Ver-einigung zweier flectirter Wörter, also als uneigentliche Composita wie manumittere u. dgl. aufgefaßt. Corssen (a. a. D. II, 1025) hat dies bestritten, ohne auf den von mir für die Annahme solcher Infinitive bei-gebrachten Grund einzugehen. Es finden sich nämlich nicht nur vedische Infinitive auf -ē wie āsád-ē, atikrám-ē (Bopp Vergl. Gram. III, 273; 285 Anm. 2. Aufl.), denen ich lat. esse, velle, ferre gleichgestellt habe (Formenb. 248), sondern auch im Lateinischen selbst findet sich noch eine deutliche Spur, daß früher auch die Stämme mit Vocalauslaut in dieser Sprache den Infinitiv in derselben Weise ohne die Endung -re bildeten. Wie nämlich die übrigen einfachen Passivformen von den ent-sprechenden activen abgeleitet sind, so darf man wohl auch den Infinitiv Pass. als vom activen abgeleitet ansehen. Wenn Corssen (Aussspr. II, 478, 2. A.) ihn jetzt aus Nominalstämmen auf -ie urspr. -ia herleitet, so ist dies eben deswegen unwahrscheinlich, weil die Entstehung sämmtlicher übrigen einfachen Passivformen gegen einen vom activen Infinitiv völlig unabhängigen Ursprung des passiven spricht. Wenn man diesen also als von jenem abgeleitet auffaßt, so zeigen die älteren Formen auf -er, wie amarier u. dgl., daß diese Ableitung durch Antritt des Suffixes -er erfolgte, wobei die vorangehende aus ai entstandene Endung, die im Activ zu e wurde, hier sich zu i gestaltete. Später ist dann das -er wieder abgefallen und es hat der Unterschied des -e und -i der Sprache zur

Unterscheidung genügt. In diesem Verhältniß stehen zu einander amare und amari, monere und moneri, audire und audiri. In der 3. Conjugation dagegen zeigt das Passiv nicht dem activen -ēre entsprechend -ĕri, älter -ĕrier, sondern'-i, älter -ier. Daraus darf man schließen, daß, wie amare dem amarier, amari u. s. w., so auch dem legier, legi einmal ein activer Infinitiv * lege entsprochen hat, der also esse, velle, ferre und jenen vedischen Infinitiven auf -ē in seiner Bildung analog gewesen sein würde. Es würde hier also die Endung -re, aus se abge= lautet, erst später zur Infinitivbildung beim Präsens benutzt sein, und zwar wahrscheinlich, wie ich (Formenb. 249) im Anschluß an Bopp erörtert habe, nach Analogie und durch Uebertragung aus dem Infinitiv des Aorist auf -se griech. -σαι. Wenn nun aber in der 3. Conjugation der Infinitiv früher jene kürzere Form hatte und die Endung -re erst später annahm, so ist derselbe Vorgang dann auch für die übrigen Conjugationen vorauszusetzen, also auch für die ā-, ē-, ī- Stämme eine Infinitivform auf -e, und da dieses bald mit dem Stammvocal contrahirt sein mag, eine solche auf -ā, -ē, -ī anzunehmen. Solche Infinitive würden nun calē, arē u. s. w. in den Compositen mit facere und fieri sein; ferner auch in den Compositen mit licet wie videlicet, scilicet, ilicet der erste Theil vide, sci, i. Corssen (a. a. O.) bemerkt, dafür daß ein Infinitiv im Lateinischen erster Bestandtheil eines Compositums wäre, könne ich, abgesehen von calēfieri u. s. w., „natürlich" keine Belege bei- bringen. Die Zulässigkeit einer solchen Composition scheint mir indeß schon aus franz. aimer-ai- und den oben (S. 26) angeführten Sans- kritformen auch für das Lateinische hervorzugehen; außerdem aber führe ich noch als speciell lateinische Formen venumdo und das gekürzte vendo, veneo an, in denen venum doch wohl als eine im Lateinischen zwar nicht gebräuchliche, im Oskischen aber in den Infinitiven auf -om, -um, erhaltene Infinitivform aufzufassen ist, nämlich als infinitivisch gebrauchter Accusativ eines Abstractums, ähnlich dem sanskr. Inf. auf -tum, dem das lat. Supinum auf -tum, -sum entspricht (vgl. visum ire u. dgl.). Wollte man nun einwenden, wenn in calefacere, so könne auch in ama- bam, amarem, amavi der erste Theil ein solcher älterer Infinitiv sein, so würde dies bei den genannten und manchen andern Formen zwar äußerlich statthaft sein, aber nicht bei solchen, in denen die Endung sich an einen Stamm mit Consonantauslaut anschließt, z. B. in dixi, ἔδειξα, ἐσημάνθην, ἐκλίθην u. dgl., ist daher auch für die ersteren nicht anzu- nehmen.

Ferner gründet sich nun die angenommene Entstehung gewisser Ver-

balenbungen aus Hilfsverben darauf, daß diese Endungen mit den bezüg-
lichen Formen der Hilfsverba zum Theil völlig übereinstimmen (gr.
-$\vartheta\eta\sigma o\mu\alpha\iota$, umbr. -fust, furent u. a.), zum Theil nur in so weit von
diesen abweichen, daß sich diese Verschiedenheit meistens ohne Schwierigkeit
als bloße lautliche Umgestaltung nach der Composition ansehen läßt (lat.
-ui, -vi, -bam, -bo, umbr. -fi, -fei u. a.). Diese Uebereinstimmung,
bemerkt Corssen (a. a. O. II, 1025), hätte ich „für bloß äußerlich, für
reinen Zufall" erklärt. Für einen solchen allerdings nicht, sondern größten-
theils für die Folge davon, daß das Hilfsverb in derselben Weise flectirt
wurde, wie die übrigen Verba (Formenb. 200). Wenn nämlich aus jener
äußern Uebereinstimmung erwiesen werden soll, daß z. B. im Umbrischen
die Endungen von e-fust, ambre-furent zweifellos die von fu-gebildeten
Formen fust, furent sind, so ist nachzuweisen, daß ein solcher Theil jener
Lautcomplexe nur noch in diesen Formen der Hilfsverba vorkommt, daß
daraus der unmittelbare Zusammenhang beider, die Entstehung jener aus
diesen sicher hervorgeht und verbürgt wird. Nun erscheinen aber neben
allen solchen Endungen andere, die jenen ganz analog gestaltet sind, nur
den anlautenden Consonanten entbehren, wie -ust, -urent, -$\eta\nu$, -$\eta\sigma o\mu\alpha\iota$,
-am (eram), -o (ero), -i, -em (essem) u. s. w. neben -fust, -furent,
-$\vartheta\eta\nu$, -$\vartheta\eta\sigma o\mu\alpha\iota$, -bam, -bo, -vi, -rem u. s. w., und mit ersteren sind also
auch die betreffenden Formen der Hilfsverba selbst erst gebildet. Es fragt
sich daher doch, ob die erste Art der Endungen aus denen der zweiten
gekürzt, oder von ihnen unabhängig entstanden ist. Das erstere ist schon
an sich deswegen nicht anzunehmen, weil dann er-am, er-o erst aus
* es-bam, * es-bo, der griech. Aorist auf -$\eta\nu$ aus dem auf -$\vartheta\eta\nu$, das
lat. Perfect auf -i aus dem auf -ui u. s. w. gekürzt sein müßte. Leitet
man nun aber jene längeren Endungen aus Hilfsverben ab, so können
die kürzeren um so weniger aus den längeren entstanden sein, da jene
Formen der Hilfsverba erst selbst mit ihnen gebildet sind. Sie sind also
in jedem Fall als von den längeren unabhängig entstanden anzusehen.
Wenn nun aber, wie sich hieraus weiter ergiebt, die mit diesen kürzeren
Endungen gebildeten Verbalformen keine Compositionen von Hilfsverben
sein können, in diesen aber ganz die nämlichen Endungen erscheinen wie
in den angeblich mit Hilfsverben componirten, nur daß ihnen der bei
letzteren vorhandene Consonant fehlt, so kann jene Annahme, die längeren
seien aus Hilfsverben entstanden, sich doch nur darauf stützen, daß dieser
anlautende Consonant ein ausreichender Beweis für jenen Ursprung und
nur auf diese Art zu erklären sei. Es findet sich indeß genau dasselbe
Verhältniß bei den Declinationsendungen. Wie nämlich im Imperfect

-bam neben -am (eram), -rem neben -em (essem) erscheint, so in der Declination -bus neben umbr. -us, -bis neben -is, -rum neben -um*). Man muß diese anlautenden Consonanten daher entweder auch in den Declinationsendungen aus Hilfsverben ableiten, oder man muß die Möglichkeit eines andern Ursprungs derselben auch bei den Verbalendungen zugeben. Da jedoch die Declinationsendungen wohl kaum aus Hilfsverben entstanden sein dürften, die Gleichartigkeit der Erscheinung in beiden Fällen aber auf einen gleichen Ursprung dieser Consonanten hier wie beim Verb schließen läßt, so folgt daraus, daß auch in den Verbalendungen ihre Ableitung aus dem Stamm von Hilfsverben unwahrscheinlich ist, noch weniger also durch sie das Vorhandensein eines solchen Hilfsverb in jenen Endungen erwiesen werden kann.

Diesen beiden schon früher erörterten Gründen gegen die Ableitung von Verbalendungen aus Hilfsverben, daß die Verbindung einer flectirten Verbalform mit einem Verbalstamm nicht annehmbar und die Identität der Endungen mit den entsprechenden Formen der Hilfsverba nicht erweislich ist, füge ich jetzt noch folgende Bemerkung hinzu. Die lateinischen Perfecta sind mit den Endungen -i, -vi oder -ui und -si gebildet. Nach der Annahme der Hilfsverba gilt -vi, -ui für eine Kürzung von fui, -si für eine solche von *esi, einem veralteten Perfect von sum. Die abgeleiteten Tempora und Modi auf -erim, -eram, -issem, -ero sollen nach derselben Ansicht durch Antritt von sim, eram, essem, ero gebildet sein. Hierbei sind nun bei den Perfecten auf -vi und -si zwei Wege möglich: entweder trat fuerim, *eserim u. s. w. an den Verbalstamm, oder sim u. s. w. an ein bereits mit fui, *esi gebildetes Perfect. Da im letztern Fall also sim u. s. w. nicht mit dem Verbalstamm, sondern mit einem durch Zusammensetzung gebildeten Perfectstamm componirt sein würde, so wird man wohl die Verbindung mit fuerim, *eserim vorziehen. Es läßt sich die Annahme der Composition mit einem Perfectstamm trotzdem nicht vermeiden bei den zu den Perfecten auf -i gehörigen Formen wie viderim, momorderim, in denen eben nur sim an den Perfectstamm angetreten sein könnte. Ferner würde die nämliche Verbindung in fuerim, *eserim selbst vorliegen, da fui, *esi eben auch nur Perfecta auf -i sind, und *eserim würde dazu

---

*) Die Wortbildungssuffixe -culo-, -bili- übergehe ich hier, da die Declinationsendungen für meinen Zweck völlig ausreichen. Ob es indeß durch die Untersuchungen über jene, auf welche mich Corssen verweist und die mir auch vorher nicht unbekannt waren, sicher feststeht, daß -culo-, -bili- Ablautungen aus -cro-, -bro- od. -bri- sind, oder ob sie nicht dennoch einen von diesen unabhängigen Ursprung haben können, scheint mir trotzdem fraglich.

noch mit seinem eigenen Conjunctiv Präs. componirt sein. Mag man es nun auf beliebige Art versuchen, die Composition des Hilfsverb mit einem Perfectstamm läßt sich unter Aufrechterhaltung der Erklärung dieser Perfectformen durch angetretene Hilfsverba nicht vermeiden. Da jedoch nach obiger Ausführung nicht einmal die Verbindung eines flectirten Verb mit dem allgemeinen Verbalstamm anzunehmen ist, so ist eine Zusammen- setzung desselben gar mit dem speciellen Perfectstamm noch unglaublicher. Hiernach erledigt sich die Bemerkung im Literar. Centralblatt (1870 Nr. 19, S. 528), es würden mir schwerlich viele glauben, daß in der That die Endung von vid-ero nichts mit ero, die von vid-eram nichts mit eram zu thun habe. Daß gerade bei den lateinischen Perfectformen diese Unhaltbarkeit jener Erklärungsweise so besonders stark hervortritt, ist noch deswegen beachtenswerth, weil diese hier gerade für besonders fest begründet galt und in diesen Formen die angeblichen Beweise für dieselbe vorzugsweise gefunden wurden. Denn hier zeigt sich nicht nur die Ueber- einstimmung der Endung mit dem Hilfsverb bis auf drei und vier Sylben hin (mon-uerimus, fuerimus), sondern im Umbrischen sind beide sogar völlig gleich (fust, furent), und außerdem wurde potui noch als ganz sicherer Beweis für die Entstehung von -ui aus fui angesehen.

Nach Darlegung der Gründe, welche gegen die Ableitung der conso- nantisch anlautenden Verbalendungen aus Hilfsverben sprechen, habe ich dann selbst eine Erklärung versucht, welche Corssen mit dem Namen „Hauchverdichtungstheorie" bezeichnet. Da nämlich, wie bemerkt, in der Declination wie in der Conjugation Endungen häufig in doppelter Ge- stalt erscheinen, unterschieden durch den bei der einen Art vorhandenen, bei der andern fehlenden anlautenden Consonanten, so liegt die Frage nahe, ob und in welcher Weise ein Zusammenhang zwischen beiden Arten anzunehmen ist. Lautlich würde allerdings die Annahme einer getrennten Entstehung am wahrscheinlichsten sein. Es steht derselben aber das Be- denken entgegen, daß dann die Sprache zur Bezeichnung einer und der- selben Beziehung gleich anfangs in allen diesen Fällen immer eine doppelte Form geschaffen haben müßte. Nimmt man aber die Entstehung der einen aus der andern an, so bleibt, da die Entstehung der kürzern aus der längern aus dem oben (S. 36) angegebenen Grunde nicht wahrscheinlich ist, nur übrig, die längere als eine aus der kürzern entstandene Erweite- rung aufzufassen. Unter Berücksichtigung der bisherigen Versuche, sie in dieser Weise zu erklären, habe ich dann darauf hingewiesen, daß die Ent- stehung der anlautenden Consonanten wohl bei der Endung selbst, nicht aber beim Stamm zu suchen sein wird, da sie an jener, nicht an diesem haften. Dieser Umstand hat mich zu folgender Vermuthung veranlaßt. Die kürzeren Endungen lauten sämmtlich mit einem Vocal an. Wenn diese in ältester Zeit allein vorhanden waren, so mußten mit ihnen demgemäß die betreffenden Formen von vocalisch wie von consonantisch auslautenden Stämmen gebildet werden. Während sie sich an den Consonantstamm lautlich bequem anschlossen, trafen bei ihrem Antritt an Vocalstämme zwei Vocale zusammen. Es entstand dadurch ein Hiatus, der um so fühlbarer werden mußte, je mehr die mit der Zeit stets zunehmende Kraft des Hochtones im Wort die tieftonigen Endsylben an sich zog. Nach sonstiger Art wäre nun dessen Beseitigung durch Contraction zu erwarten gewesen. Die Sprache konnte aber in diesem Fall dieselbe zu vermeiden dadurch veranlaßt werden, daß durch eine solche Contraction hier der wesentlich auf dem Endungsvocal beruhende Charakter der Form verdunkelt wäre. Wenn aber trotz der Einwirkung des Hochtones diese Endsylbe hinter dem vocalischen Stammauslaut in der Aussprache getrennt erhalten werden sollte, so mußte die Stimme, um eben nicht beide Vocale in einander verschwimmen zu lassen, den zweiten mit deutlichem Absatz, also mit einem eignen Hauch sprechen. Es lag dann in der Richtung und dem Zweck dieses Verfahrens selbst, daß der Hauch nachher nicht wieder beseitigt, sondern befestigt und lautlich weiter entwickelt wurde. Da er indeß an sich völlig unbestimmt anzunehmen ist, so vermuthete ich ferner, daß er sich in Folge davon bei seiner weitern Entwickelung zu verschiedenen Lauten gestaltet haben und so die anlautenden Consonanten der Endungen entstanden sein könnten, welche dann eine bestimmte Bedeutung erhalten haben und auch bei Consonantstämmen angewandt sind. Denn die Sprache mochte die längeren Endungen den kürzeren auch hier namentlich deswegen vorziehen, weil sie bei dem Absterben anderer charakteristischer Merkmale der größeren Deutlichkeit derselben bedurfte und weil in Folge jenes Absterbens und der Verdunkelung früher lebendiger und deutlicher Charakterzeichen der Form der Charakter der letztern immer mehr auf die Endung allein überging. Ihre spätere Bedeutsamkeit würden also jene Consonanten nicht „wie durch Zauber" (Literar. Centralblatt 1870 Nr. 19, S. 528), sondern durch diese spätere Benutzung zur deutlichen Charakterisirung einer Form an Stelle anderer veralteter Merkmale erhalten haben. Gegen diese Vermuthung über ihren Ursprung hat sich nun nicht bloß Corssen erklärt, sondern auch Curtius (Bemerkungen üb. d. Tragw. d. Lautges. S. 28), Pauli (Zeitschr. f. vgl. Sprf. XIX, 305) und die Rec. im Liter. Centralbl. (1870 Nr. 19) und im Philol. Anz. (Bd. II., H. 6 S. 275).

Diese Ansicht, die ich ohnehin eben nur vermuthungsweise geäußert haben
wollte, steht indeß weder den sonstigen Annahmen noch den sprachlichen
Thatsachen völlig fern. So findet sich bei Corssen (Ausspr. I, 111,
2. Aufl.) folgende Erklärung der Schreibungen veteranehis, Bohetyus,
dihaconus u. a.: „In den vorstehenden Schreibungen ist das h keineswegs
bloß graphisch zur Andeutung des Hiatus (Schuchardt Voc. b. Vul-
gärlat. II, 524), sondern es ist phonologisch bedeutsam für die Aussprache.
Da bei der Aussprache jedes Vokals der Hauch, die Luft aus der Lunge
durch die Stimmritze und Mundhöhle ausgestoßen wird, so nimmt dieser
Hauch, wenn zwei gesonderte Vokale hinter einander gesprochen werden,
bei der Aussprache des zweiten derselben einen neuen Ansatz, der um so
entschiedener hervortritt, je bestimmter die beiden Vokale getrennt von einander gesprochen werden. Spiritus lenis und spiritus asper bezeichnen
auch bei der Aussprache der Griechischen Vokale keine Wesenunterschiede,
sondern nur Gradunterschiede in der Stärke des Hauches, mit dem dieselben
gesprochen wurden. Indem also Wortformen wie veterane-is, di-aconus in
der späten Volkssprache der Provinzen Germanien und Gallien so ausge-
sprochen wurden, daß die beiden auf einander folgenden Vokale scharf getrennt
wurden, ward der neue Ansatz des Hauches bei der Aussprache des zweiten
durch ein demselben vorgesetztes h bezeichnet." Ebenso spricht Corssen
(a. a. O. II, 110) von einem „zwischen Vokalen entstehenden Lauthauch."
Ferner (a. a. O. II, 112): „Die Infinitivendung, die in vollo-h-om:-om
lautet, ist schon in dem Tempelvertrag zwischen Nola und Abella, dessen Ab-
fassung zwischen 216 und 180 v. Chr. fällt, durch Verdunkelung des ö zu ü
zu -um geworden in: tribaraka-v-um (Verf. Z. f. vgl. Spr. XIII, 177.
182 f.), dessen v an Stelle des Lauthauches, der zwischen den beiden getrennt
gesprochenen Vocalen a und u der Form *tribaraka-um ausgestoßen ward,
aus dem folgenden u entstanden ist." Das h und v würden hiernach in
diesen beiden Formen also meiner Vermuthung entsprechend zur Vermeidung
des Hiatus zwischen Stamm und Endung entstanden sein. Gegen die
Beschränkung eines solchen v auf die Fälle mit benachbartem u, die auch
Curtius (Bemerkungen u. s. w. S. 29) anzunehmen scheint, — wobei die
Angabe über die Erklärung der Perfectendung meiner Darlegung, wofern
diese (Formenb. 221) damit gemeint ist, nicht ganz entspricht — habe ich
Fälle geltend gemacht, in denen ein solches später entstandenes v nicht
neben einem u steht, nämlich averta, oliva, italien. vivola, Giovanni.
Für eine solche Entstehung auch anderer Laute habe ich dann noch mehrere
Beispiele mit j und g (Tejodoto, aliginigenus u. a.) angeführt, welche
Corssen (Ausspr. I, 95 Anm. 2. Aufl.) theils als Schreibfehler, theils als

Nebenformen oder nur graphiſche Verſchiedenheit anſieht, und ferner auf das j, v, h hingewieſen, das im Altbulgariſchen, Litauiſchen u. a. zur Ver- meidung des Hiatus zwiſchen Vocalauslaut und Vocalanlaut dient. Indem ich ſodann ferner annahm, daß auch bei jenen Endungen wohl zunächſt nur die leichteſten Laute h, v, j entſtanden und aus dieſen erſt die ſtärkeren ent- wickelt ſein werden, habe ich als Beiſpiele ſolcher Erhärtung angeführt retragendum, subtragere, nigil, nicil, nikilo, mihi, mixi (x = ch), nichil, euguangelia, romaniſches gu ſtatt v z. B. in guastare und die verſchiedenen Umlautungen des griech. *f* (unter welche s allerdings nur durch ein Verſehen gekommen iſt). Corſſen (a. a. O. I, 96 Anm.) erklärt das g der obigen Formen für eine Entartung des h zu j, die durch g bezeichnet ſei. Hier- durch ſind indeß nicil, nikilo nicht beſeitigt. Es werden alſo durch dieſe verſchiedenen anderweitigen Erklärungsverſuche, deren durchgängige Richtig- keit hiermit jedoch noch nicht zugegeben ſein ſoll, keineswegs ſämmtliche von mir als Belege ſolcher Lautentſtehung angeführte Fälle beſeitigt. Ob man nun nach dieſer Darlegung einen ſolchen Urſprung jener Conſonanten der Endungen glaubt für wahrſcheinlich halten zu dürfen, habe ich ohnehin auch ſchon früher nur dem Ermeſſen eines jeden anheim ſtellen wollen. Denn da ich dieſe Anſicht eben nur als Vermuthung habe ausſprechen wollen, ſo iſt damit zugleich angedeutet, daß ich ſie zwar für m ö g l i c h und bis zu einem gewiſſen Grade w a h r ſ c h e i n l i c h , aber nicht für zweifel- los erwieſen halte. Es dürften ſich indeß zu ihrer Unterſtützung wohl auch noch andere Fälle ſpäterer Conſonantentſtehung beibringen laſſen. Ich führe z. B. noch das ephelkyſtiſche *v* des Griechiſchen an, welches nach C u r t i u s (Griech. Etymol. S. 52, 2. Aufl.) „offenbar ein Nachklang iſt, der urſprüng- lich ſich unwillkürlich und regellos einſtellen mochte, dann aber, in die Zucht des Sprachbewußtſeins genommen, nur da geduldet, oder wenigſtens von den Grammatikern anerkannt wurde, wo der Zuſammenhang der Wörter im Satze und das Bedürfniß des Verſes ihn wünſchenswerth machten"; ferner das d hinter n im deutſchen „jemand“ (mittelhd. ieman, iemen) und die oft gehörte Ausſprache „ebend“ ſtatt „eben“. Mag man nun aber auch dieſen Erklärungsverſuch nicht für annehmbar halten, oder ſelbſt mit Corſſen der Anſicht ſein, daß dadurch die Laut- geſetze der lateiniſchen und griechiſchen Sprache auf den Kopf geſtellt werden, ſo würde daraus doch immer nur folgen, daß die Erklärung jener Endungen mit anlautendem Conſonanten auch in dieſer Weiſe nicht zuläſſig ſei; daß aber die vorgebrachten Einwendungen gegen ihre Ableitung aus Hilfsverben dadurch nicht berührt werden, hiervon vielmehr durchaus unabhängig ſind, wird die obige Darlegung gezeigt haben.

Im Verlage von Gebrüber Borntraeger (Ed. Eggers) in Berlin
erſchien ferner:

Merguet, Dr. H., Die Entwickelung der lateiniſchen Formenbildung
unter beſtändiger Berückſichtigung der vergleichenden Sprachforſchung
dargeſtellt. gr. 8. 1870. br.   1²/₃ Thlr.

Die „Ableitung der Berbalendungen" nimmt überall Bezug auf obiges
Werk deſſelben Berfaſſers, das daher den Käufern dieſer Schrift unentbehrlich
ſein dürfte.

Cuno, Joh. G., Forschungen im gebiete der alten völkerkunde.
Erster teil. Die Skythen. gr. 8. 1871. br.   3¹/₃ Thlr.

Der Verfasser hat in diesem ersten Bande mit Hilfe der Sprachver-
gleichung den Nachweiss zu führen gesucht, dass die pontischen
Skythen der slawischen Familie angehörten; Der zweite (und letzte)
Band wird den Nachweiss der näheren Verwandschaft der Kelten und
der Italer zum Gegenstande haben.

Ellendt, Fr., Lexicon Sophocleum. Editio altera emendata.
Curavit Hermannus Genthe. Fasciculus I.—VI. Lex.-8.
1870. br.   4 Thlr.

Ellendt's Lexicon Sophocleum nimmt in der Sophocles-Literatur einen
hervorragenden Platz ein und ist ihm bisher kein analoges Werk an die
Seite gestellt worden. Die neue mit grosser Sorgfalt hergestellte Auflage,
die in kurzer Zeit vollständig vorliegen wird, sei allen Philologen, die
sich mit Sophocles beschäftigen aufs wärmste empfohlen.

Hehn, Victor, Culturpflanzen und Hausthiere in ihrem Ueber-
gang aus Asien nach Griechenland und Italien sowie in das
übrige Europa. Historisch-linguistische Skizzen. gr. 8. 1870.
brochirt   3 Thlr.

Mit seltener Einmüthigkeit hat die gesammte Kritik dieses hervorragende
Werk anerkannt, das neben gründlicher Wissenschaftlichkeit und reicher
Quellenforschung sich durch eine anziehende Darstellung auszeichnet.